押井守のニッポン人って誰だ!?

著／押井守
構成・文／渡辺麻紀

まえがき

「自分が何者であるかを問われたときに、
「日本人」であることの優先順位が低すぎるのはどうなのよ、
と思う（であろう）読者のために」

わたしは日本人である、と書いてふと考えます。
ワタシはニッポンジンである、と口にしてさらに考えます。
わたしという人間は誰だ、と問われてまず真っ先に思い浮かぶ答えは、押井守（オシイマモル）という自分の名前であり、次に映画監督を生業（なりわい、と読みます）とする中年の（正確には前期高齢者の、あるいは初老の）オトコであり、既婚者であり、人間より犬猫を愛する偏屈オヤジであり……「日本人である」という答えに至るのは、ようやくにして十数番目なのかもしれません。

この辺の事情はわたしに限らず、およそ現代の日本人ならあまり変わらないのではないでしょうか。真っ先に「私は日本人です」とか「吾輩はニッポン男子である」とか「ニッポンの女子で～す」と答えることがあるとすれば、それは海外旅行で税関の職員にパスポートを提示するときとか、海外でチータカしているときに、突如として現地の人間に話しかけられたときくらいなのではないでしょうか。日本に生まれて日本で暮らしている限り、自分が日本人である、などと考えることはおよそ稀であり、それこそオリンピックでもない限り（延期になっちゃいましたが）言葉にする必要すらないに決まってます。ンなこた当ったり前じゃねーか、と思われることでしょう。

わたしもそう思います……がしかし、ここで、ふと考えます。

それが当たり前だと思ってることって、もしかして本当に当たり前のことなのだろうか。いや、そもそも先に「わたしは日本人である」と書き、「ワタシはニッポンジンである」とも書きましたが、「日本」なのか「ニッポン」なのか、どっちなんだろう……いえ、どっちが正しいとかそういう問題でなく、「日本」と書くことと「ニッポン」と口にすることの間には、いったいどんな気分の違いがあるのだろうか、とも考えます。そのときの気分に合わせて「日本」とも「ニッポン」とも使い分ける、そういう日本人てのは何なのさ、とも考えます。

日本人なんだから日本および日本人について考えるのは当然だ、というふうに考えるのはちょっと違う気がするけど、「日本」と「ニッポン」の気分の違いが気になるかもしれないし、自分が何者であるかを問われたときに、「日本人」であることの優先順位が低すぎるのはどうなのよ、と思う（であろう）多くはないけど少なくもなさそうな読者のために、この本は企画されました。

あらかじめ言っておきますが、ナショナリズムとか日本民族とか、とりあえずそういうお話ではありません。あくまで「日本」と「ニッポン」の違いについてのお話です。世の中に「日本論」とか「日本人論」とかの本は、それこそ馬に喰わせるほどありますが、一介の映画監督であるわたしがそんな大それた本を書けるはずもなく、また仮に書けたとしても、そんな面倒な仕事をする気もありません。というわけで、読みやすい対談形式にすることに決め、対談相手は例によって極度に物分かりの悪い（映画ライターの）渡辺マキさんにお願いすることにしました。あっちこっちに話が飛びまくるかもしれませんが、あくまでお気楽な読み物として「日本および日本人」について語る本を目指してみました。

そういう意味では、「日本および日本人」についての本格的な思索の入門篇の、そのまた入門篇として読んでいただければ幸いです。

その結果として、やはり「馬に喰わせる」べき本にしかなっていなかったとしたら、その責任はすべてオシイ本人にあります。

押井守

それではお楽しみください。

目次

この対談は２０２０年３月〜７月の間に行われたものです。

第一章

コメ食べて鉄を鍛える。

稲作と大和朝廷

——ここ数年、TVでは〝日本人〟や〝日本〟に焦点を当てた番組が多いように思います。コロナ前は、海外からの旅行者に日本の好きなところを尋ねたり、日本の技術や商品を褒めてもらったりという、自画自賛番組が目についていました。

押井　その手の番組は観たことはないけど、おそらくみんな、無意識のうちに〝日本人のアイデンティティー〟というやつを求めているんですよ。極端に持ち上げたり、卑下したり。自虐史観がはびこる一方で日本人肯定論も垂れ流される。両極端の思考が横行している理由は同じで、アイデンティティーを持ちたいから。ではなぜアイデンティティーを持ちたいかというと、日本という国は誰にとっても謎が多いからです、いまだに。

そうなると問題は、なぜそういう〝謎〟を抱え込んだかになる。そのひとつの答えは、日本人は稲作が始まった古代から、ずーっと外国の文化を取り入れては編集を繰り返していたからです。文化だけにとどまらず国体だろうが政治だろうが憲法だろうが、なんだって編集してきた。日本という国を創ってきたパーツのほとんどが実は輸入品だからね。あまりに長い間、それを続けてきたものだから、日本人自体が、日本人のオリジンがどこにあるのか分からなくなってしまった。これはみんな、本能的に感じていることなんだと思っている。

――まさに〝日本人って誰だ!?〟なんですね。

押井　日本という国の特徴とか本質とかを尋ねられると、誰もがすらすらと口にできない。だから、そういうTV番組が数多く作られる。

――押井さんは「稲作のときから編集していた」とおっしゃっていますが、稲作も渡来文化だったからですね？

押井　稲作の発祥地はインドや中国、諸説あるけど、持ち込まれた稲作を、日本に定着させたのは大和朝廷です。それまでの日本人は狩猟採集民族で、獲物を追って転々としていた。そういう生活形態だと国がまとまらないので、定住が必要になる稲作の普及に努めた。

それが人民を固有の土地に縛り付けておく一番簡単な方法だからです。稲作というのは労働集約型なので、個人や家族単位では成立しない。灌漑《かんがい》という大事業を筆頭に種まきから刈り入れなどをしかるべきときに行わなければならないので、集団じゃないと難しいからです。

話は飛ぶけれど、戦国時代でも農繁期には戦をしなかったくらいなんですよ。兵士も集められないし食料も確保できないので。

もっと言うと、軍隊の最大のテーマは兵士の確保以前に食料です。どうやって兵士を食わせるか、これこそが最大のテーマ。あのナポレオンも最後まで悩んだテーマだし、第一次世界大戦、第二次世界大戦も同じ。悩まなかったのはトラックを大量に使えた米軍だけ。ドイツ軍もイギリス軍も日本軍も、兵士の食料は現地調達が基本だったけれど、特に日本軍は結果として大量の餓死者を出してしまった。戦って死んだ兵士より餓死兵士のほうが多かったくらいですからね。

日本軍の話をすると、日露戦争のときは脚気で死んだ兵士がとても多かった。なぜなら日本兵はみんな白米を食べたがったから、ビタミンB_1が足りなくなったんです。そもそもの日本人は雑食であったはずなのに、戦国時代あたりからの農業政策によって白米の信仰が強くなってしまった。北海道の開拓が最初、上手く行かなかった理由も米への執着のせい。酪農にすべきという意見を無視して開拓者たちが米を作りたがったからです。

——それはもう、確かに信仰と言ってもいいくらいですね。

押井　大和朝廷の選択肢のひとつには、牧畜というのもあったんだろうとは思う。同時期にシルクロード経由でペルシャから羊も輸入されていたという説もあるから。しかし、牧畜だと人民に租税を課すのが難しくなるし、人間も把握しづらい。しかも遊牧民になると機動力を持つ場合があるので軍事的にも危険な存在になりかねない。かつての蒙古など、アジアの遊牧民を見れば分かる。もれなく好戦的で軍隊として最強。そういうことをすべてを考慮した上での稲作なんですよ。

——大和朝廷は賢いチョイスをしたわけですね。

押井　稲作によって何ができるかといえば〝課税〟です。通貨経済ではなかった時代にどうやって税を集めるかといえば、貯蔵が利いて、全国単一の価値があるものが必要になる。そのすべてをかなえていたのが稲作であり米だったんです。あとで話す仏教の輸入も人民を統治するためですから。

そうやって日本人は中国の統治技術を積極的に取り入れたんだけれど、とりわけ米を重要視した。それは現在に至るまでほとんど変わっていない。経済から文化、さらには政治に至るまで米をベースにしてきたんです。選挙の開票のとき、今でも「大票田」という表現をすることからも分かるように選挙制度に至るまで米であり稲作。米はすべてのベースになっているんです。

たとえば清酒も米から作られるのは知っているよね？ ただその米はすべてを使うんじゃなくて40％くらいを削って、残りを使って醸造する。トウモロコシから作るバーボンも、ブドウから作るワインもそこまで無駄にしないから、カロリーベースでいうととんでもなくもったいない。しかも手間暇もとんでもなくかかってしまう。それだけ、日本人の米へのこだわりはすさまじいわけですよ。

鉄器だって最初は農工具から。まずは鍬《くわ》や鋤《すき》を作って、それから武器、最後が調理器具ですよ。映画を観ていれば分かるように、イギリスの昔の王様だって食事のときに使っていたナイフは武器として携帯していたもの。そのナイフで肉を切って、あとはかぶりつく。器もスプーンも木製で、フォークが登場したのはもっとあとじゃないの？

――中世を舞台にした映画で、そういう光景をよく見かけますね。

うどんとそば

押井　ところで、うどんとそば、歴史でいうとどちらが古いと思う？

――うどんじゃないですか？　中国から輸入されたのでは？

押井　そう、うどんにもいろんな説があり、輸入されたときは饅頭みたいな形状だったけれど、それをひも状にして食べ始めた、とかね。もともとうどんは、そのオリジンである饅頭がそうだったように一種、ハレの日の食べ物だった。饅頭はお供えする食べ物で、極端なことを言えば中国では、豚の頭の代わりでもあった。豚の頭は簡単に手に入らないから、それをかたどった饅頭になったという説もある。饅頭のなかにいろいろ詰めてお供えするんですよ。当時、調理は祭祀とセットだったからね。

一方、そばはというと、最初は誰も食わなかった。どこでも生えるし、手間もいらない救荒作物として、随分昔から存在はしていたんだけど、おいしくなかったから食べることがなかったんですよ。そばの実は殻が硬くて挽くのも大変だし、うどんの材料である小麦よりはるかに手間がかかる。硬い殻をむいて、石臼で挽いて粉にし、お湯を加えて練って食べる。それにざらめを足せば、いわゆるそばがきですよ。今はメニューにもほとんど載ってないから食べたことのある人は少ないかもしれないけどね。薄く延ばし、包丁で棒状に切って食べたのは、単にうどんの真似をしただけ。うどんに対する憧れがそばきりを生み出したといってもいい。

わたしたちが親しんでいるそばが生まれたのは江戸時代。屋台から始まった。いわゆる

〝時そば〟の世界です。それからそば屋という独立した店ができたんだけど、これは当初、飲み屋、居酒屋だったんです。二階に座敷がある飲み屋。座敷は何に利用したと思う？

――逢瀬ですか？

押井　そうそう。白昼の情事に使ったの。当時はお茶屋というのも逢瀬に使っていたけど、料金が高い。庶民が使えるのがそば屋の二階だったんです。日本にそば屋が爆発的に増えたのは、そういう需要があったから。居酒屋として逢瀬の場所として庶民に重宝がられたんですよ。

ちなみに、すしも、その最初は屋台だからね。当時の外食産業はもれなく屋台か露店。酒を飲ませるところだけ店を構えていた。

なぜそばの話をしたかというと、わたしたちが親しんでいるそばの歴史も実は浅いということ。ずーっと食べ続けてきたと思ったら大間違いということですよ。

クロケットとコロッケ

押井　もうひとつ、日本人の大好きなコロッケのオリジンはどこの国にあると思う？

――イタリアあたりですか？　イタリア料理にライスボールがありますよね？

押井　フランスなんだよ。正しくはクロケット。肉や魚、野菜をホワイトソースと混ぜ合わせ、小麦粉やパン粉をまぶして油で揚げている。日本でもっとも近いのがクリームコロッケだよね。日本人はこのクロケットを輸入してアレンジし、もっともポピュラーな食べ物、ポテトコロッケを発明したんですよ。海外から輸入された料理は枚挙にいとまがないけど、もっとも有名でもっとも典型的なのがポテトコロッケです。

――押井さん、詳しいですね。

押井　タイトルは忘れたけど、フランスのギャング映画に出てきたの。殺し屋たちが集まったシーンで、誰かが買い出しに行くことになり、それぞれが欲しいものを言う。そのとき字幕では「コロッケ」となっているんだけど、仏語では「クロケット」。そして買ってきた「クロケット」は、わたしたちが知る小判型じゃなくて俵状。ナイフで切ると、なかからどろどろのホワイトソースが出てくる。

わたしたちの若いころは、そうやって洋画でいろいろ学んだからね。宮さん（宮崎駿）の場合はイギリスの児童文学で学んだ。初めて一緒にイギリスに行ったときはずっと「オレは絶対キドニーパイを食べるんだ」って言い続けていたから。宮さんにとっては憧れの食べ物だったんだよ。向こうの児童文学にはしょっちゅう出てくるから。で、宮さんとトシちゃん（鈴木敏夫）、亀さん（亀山修／当時の『アニメージュ』副編集長）というニッポンのオヤジ4人組が、ばあさんがやっている小さなレストランで念願のキドニーパイを食べたんだけど、これがとてもまずくてさ（笑）。まあ、クリームシチューとキドニー（腎臓）の掛け合わせが果たしてうまいのかという問題なんだけど。宮さんが何も言わなかったのは、おいしくなかったからだと思うよ（笑）。

——そういうのはありますよね。わたしは『ナルニア国ものがたり』のターキッシュデライトでした。初めて行ったロンドンで食べたら砂糖をまぶしたゼリーで、ちょっと肩透かし。どんだけおいしいんだろうとワクワクしてたんですけどね。

押井　ある程度の年齢だと、そういう体験はたくさんしている。『ロビンフッド』に出てきた塩豚とビールとかね。それも子どもがビールを飲んでるから。

日本と違って向こうは水がよくないので、子どもでもビールやワインを飲んでいる。それでアル中も多いんだけどさ。

——水より安価でワインが手に入りますからね。

押井　ビールも日本だとキンキンに冷やして飲むのが常識だけど、ヨーロッパはぬるいのが当たり前。コロッケにしろビールの飲み方にしろ、日本は好きなようにアレンジして独自のものにしてきたんだよ。

街を見回すと分かるけど、これだけ世界中の料理がお手軽に食べられる国なんてありませんよ。輸入されたものに編集を加え、それぞれがちゃんと大衆化している。そういう料理を日常的に食し、なおかつ独自の進化を遂げているんだからすごい。だからこそ、日本人とは何者かということを語るとき、もっとも分かりやすい例のひとつが食生活になるんです。

支那ソバとラーメン

――なるほど。確かに独自の進化をして、本家本元よりおいしくなることもよく聞きますからね。

押井　ラーメンはその最たるもの。ジャッキー・チェンがわざわざ日本に食べに来るっていうじゃない？

――チョウ・ユンファやキアヌ・リーブスもですよ。キアヌの来日時は事前に行きたいラーメン屋のリストが届くと聞きました。担当さんが予約しようとしたら、予約は受けてないと言われ、普通にみんなと列に並んで食べたそうです。お客さんは驚いたでしょうね、隣にキアヌがいて一緒にラーメンをすすっているなんて。

押井　わたしの好きなドルフ・ラングレンもラーメン・ファンだと聞いたなあ。

なぜ彼らが日本でラーメンを食べたがるかといえば、日本が発祥の地だから。もちろんルーツは中国の麺料理なんだろうけど、それが日本人によってどんどん進化していった。中国や台湾に行ったって、日本的なラーメンは食べられないからね。

——昔は支那ソバと呼んでいたけど、この「支那」という言葉が使えなくなってラーメンになったと聞いたことがあります。調べるとラーメンという呼び名は、日清のインスタントラーメンが登場してから広く使われるようになったという説もあるようですね。

押井　「支那」が使えなくなったことについては、わたしもいろいろ言いたいことがあるんだけど、それはおいといて、それから驚くほど進化したわけだよね、ラーメンは。何々系ラーメンからご当地ラーメン、即席麺やカップ麺まで入れたらとんでもない種類になる。もはやラーメンといえる形状じゃないラーメンもあるし、イタリア風とかフランス風とか、本当に数えきれない。

――日本人って、オリジナルを作るのは得意じゃないけど、それをベースにしてアレンジするのが上手なんでしょうか。

押井　わたしに言わせれば〝アレンジ〟というより〝編集〟。アレンジはそのジャンルのなかだけで変奏していく感じだけど、そのレベルじゃないからこそ〝編集〟。日本人は編集能力が際立っているんです。たとえばその支那ソバにしても「ラーメン」という言葉を生み出している。単に料理をアレンジしたというレベルじゃない。もっと言うなら新たな文化として生み出しているんです。ラーメンを筆頭に、カレーもそう。もはや本家はどうでもよくなっている。あとは（松岡）正剛さんが言うところの〝たらこスパゲティ〟。

スパゲティと再構築

――たらこスパゲティは、日本独自の味付けですよね。

押井　たらことクリームを混ぜ、最後に焼きのりをトッピングする。素晴らしいアイデアですよ。今では誰でもスパゲティはパスタ料理の一部と知っているけど、昔はパスタ料理って、スパゲティとマカロニくらいしか知らなかった。パスタという言葉は普及してなかったんです。そういうなかでスパゲティだけが種類を増やしていった。そのなかでもっとも有名なのが〝たらこスパゲティ〟。パスタというジャンルが横に広がったんじゃなく、スパゲティ関係のバリエーションが驚くべき進化を遂げた。これは正剛さんが言うように、食文化を輸入したというより、ある種、思考の輸入に近かったんじゃないかと思うんだよね。

――再構築したからですか？

押井　そうそう。イタリア料理の体系を輸入したわけじゃなく、イタリア料理を再編集した特殊スパゲティを、日本人は気に入ったんですよ。そういう点ではラーメンと一緒。同じようにガラパゴス化しているところもね。

――海外でからすみのパスタは食べたことがあるけど、たらこはないかもしれませんね。

ナポリタンはどうです。これも日本オリジナルですよね。

押井　たらこスパゲティは本場のシェフが食べてもおいしいと何かの料理番組で言っていたのを観たことがあるけど、ナポリタンは認めてもらえなかった。なぜかというとトマトソースじゃなくケチャップを使うから。ケチャップは甘い味付けがされたアメリカ発祥のソースだからね。本場イタリアのシェフに言わせると「パスタとは言えない」になる。ケチャップやマスタードをどばどば使うアメリカ人なら好きだろうけど。

ちなみに、わたしたちがよく使っている黄色いマスタードもアメリカ人の発明。七味唐辛子は日本ですよ。

——七味唐辛子は確かに日本人が考えそうなスパイスですね。

押井　唐辛子自体は中国やポルトガルから輸入されたそうだけど、それを七味唐辛子にしたのは日本人の発明。日本人は香りを大切にするからこそ生まれた発想です。

編集という点ではお米も同じ。お米ももともと輸入品だけど、日本人は炊いて食べるように編集し直した。アジア諸国の多くは蒸したり茹でたりしているのに、日本人は炊く。

ふっくら炊いたときの艶にこだわるのは日本人くらいですよ。
お米の食し方で一番簡単なのが蒸す方法。手間がかかるのが炊飯です。精米のときに胚芽を落とし、きれいに洗って炊き、それから蒸らす。そうやってとんでもなく手間をかける。この工程を簡単にやってくれる炊飯器は日本人最大の発明のひとつ。よくアジアの観光客が買って帰るのも無理ないですよ。どんなぶきっちょでもスイッチひとつでおいしいご飯が炊けるんだから。ご飯ひとつをとっても日本の食文化は世界のどことも似てないんです。

――和食が世界の無形文化遺産になりましたしね。

押井　だからといって、サバの塩焼きを食べているから和食を食べているというわけじゃないけどね。普段から和食を体系的に食べている人はほとんどいませんよ。

ブームとにわか

——なるほど。でも、文化遺産になったおかげで和食が再び注目されたという現象はあったんじゃないですか？

押井 それっていわゆる〝ブーム〟のことだよね。日本人ほどブームに敏感な国民はいないんじゃないの？ タピオカが流行り、若者が集まる街にタピオカ店が立ち並ぶけれど、半年後にはタピオカも過去のものになってしまう。その繰り返しで、ひとつのブームのサイクルがどんどん短くなっている。みんな、手の届く範囲で新たな価値観が欲しいだけなんだよ、きっと。

ブームといえば、ラグビーもみんなが熱狂し、「にわかファン」という言葉が流行語大賞にノミネートされたほどだった。これは正剛さんも言っていたことで、「にわか」という言葉は日本の本質的な文化のひとつ。日本人の本質をよく表していると思う。盛り上がりはしたいんだけど、自分の人生を変えるような盛り上がりは避けたい。なぜなら、それはリスクになるから。

一方、日本の歴史においてどんどん遡って古代までいくと結構、怪しい部分が出てくる。日本人はそれをこれまで、あえて追求しないようにしてきた。いわゆる禁忌、積極的タブーですよ。「分からないなら、分からないままにしておいたほうがいい」という考え方だよね。身近なところでいうと鎮守の森とかさ。アタミ(熱海)の犬の散歩コースにも神域のような場所があって、わたしは一度も足を踏み入れたことがない。地元民じゃない人はホイホイ入っているようだけど、地元民は決して入らないからね。

かつては家のなかにも仏間という、子どもが決して入れない部屋があったように、ほかの民族と比べると、日本人はそういうことを尊重してきたんじゃないかな。その延長上で考えると、「分からないなら、分からないままでいい」という思考も納得できる。

この思考は、「ブーム」や「にわか」と無縁ではないと思う。次から次へと気になるものに飛びついていくことと、深く考えたり追求しないところ。

そういう思考をまとめると、わたしは日本人は基本的に、どこかしら生きるリアリティーが欠落しているんじゃないかという気がしてならないんですよ。西洋のリアリティーと違うリアリティーを生きているような感じ。自我とか人格とか個体というレベルに関してもリアリティーが感じられない。妙に淡泊というか、運命論的というか。一言で言ってしまうとやはり「リアリティーがない」になる。

日本人と永遠の日常

——己の人生とまともに向き合ってないということですか？

押井　うーん、まともというんじゃなく、やっぱり「リアルじゃない」んですよ。

そうなると、日本人にとってのリアルとは何だろうと考えたくなる。そもそも日本人は日本の歴史とリアルに向き合おうとしてないし、それはつまり世界ともリアルに向き合おうとは思っていないということになる。だから、日本人のリアルってなんだとなるわけで、わたしはそのひとつの答えが「永遠の日常」なんじゃないかと思っているんだよね。昨日と同じように今日があり、今日と同じように明日が来る。日本人にとってのリアリティーはそれに尽きるんじゃないかと思うんですよ。

――「永遠の日常」は押井さんが常々おっしゃっているテーマのひとつですよね。

押井　リアルというのはそのまま「価値観」のことでもあるから、日本人の最終的な価値観が「永遠の日常」。何事もないことが、日本人にとってのデフォルトなのではないか、ということだよね。

――なるほど。

押井　大上段に構えた日本人論や、日本文化論などを読んでいても結局、身にはならない。そういうのは全然日常を見てないからね。本当に知りたいと思うなら、世界を漫然と見ているのではなく、意識して見ること。そうすればいろんな根拠が見えてくるから。

そういうなかで非常に大切なのは歴史なんだけど、学校教育では肝心な部分を教えてくれない。意識して教えないんじゃなくて、確立してないから教えられない。中高までの日本史の授業で大化の改新や鎌倉時代、戦国時代、江戸時代などは十二分に時間を費やすのに、明治維新以降は駆け足になる。なぜかと言えば、日本にとって〝不都合な事実〟が噴出するからに違いないんです。ここにもおそらく日本人的な「分からないなら、分からないままにしておこう」という考え方があるんだと、わたしは思っているんです。

第二章

ニッポンのコトバ。

ニッポンとニホン

押井　昔の日本の呼び名は何だったと思う？

——「漢委奴国王《かんのわのなのこくおう》」という印鑑を中国からもらったと言われていますから「倭」なのでは？

押井　そう、ほかの国につけて頂いた。その「倭」を「和」と表記するようになったのは8世紀の初頭ごろ。このころから「日本」という言葉はあったとはいえ、ポピュラーではなかった。では、どういうふうに呼んでいたかというと「大和《やまと》」ですよ。今でも「ヤマト運輸」とか「大和」をつけた会社がある。アニメでも『宇宙戦艦ヤマト』があったでしょ？

ところで、話は飛ぶけれど、日本の戦艦の命名法を知っている？

——いえ、知りません。

押井　それには各国ルールがあって、アメリカの場合、空母は「エイブラハム・リンカーン」や「ジョージ・ワシントン」など、歴代大統領の名前をつける。戦艦は「ミズーリ」や「ミシシッピ」など、アメリカの州からとっている。例外が「エンタープライズ」。今はもう退役したけど8代目だったよね。

――『スター・トレック』の宇宙船もU.S.S.エンタープライズですね。日本の場合は「大和」とか「武蔵」が頭に浮かびますが。

押井　日本で一番大きい戦艦は「大和」や「武蔵」で、古い日本の国の名前になっている。戦前の戦艦は12艦あって大体、4つかふたつペアで作るんです。同型艦と言って、同じ設計図で作るのが基本。単艦で作ることはない。これは作りやすいし、運用上も有利だから。日本も最初は4艦ずつ作って、そのあと2艦になった。4、4、2、2で合計12艦になる。古い順番で行くと「金剛」「比叡」「榛名」「霧島」。これが最初の4艦で、そのあとが「扶桑」「山城」「伊勢」「日向」。それから「長門」「陸奥」、「大和」「武蔵」になる。最初の4鑑は山の名前で、あとの8鑑は国の名前。「扶桑」は日本の美称ですよ。国の名前がいろいろあるのは別に日本特有のことではなく、各国さまざまな呼び名を持っている。

――話を戻しますが、国の名前というのは、その土地の人たちに「国」という意識が生まれないとつけないですよね？

押井　国があって、その外側がある。外側があって初めて国がある。じゃあ、その外側をどう認識するかといえば「言葉」です。外側には、自分たちとは異なる「言葉」を喋る人がいるということですよ。

日本は周囲が海だったので、その向こうはすべて外国という認識だったけれど、ヨーロッパのように地続きの場合、どうやって国を分けたかというと、やはり「言葉」しかない。言葉というのはイコール文化であり、価値観にまで遡る。だからこそ、自分の国をどう呼んでいたかは、意外と重要なんです。

――日本の場合、「ニッポン」と読む場合と、「ニホン」の場合がありますよね。これはどうなんですか？

押井　「日本人」「日本」と書いた場合、どう読むか？「ニッポンジン」か「ニホンジン」か、「ニッポン」か「ニホン」か。

――どうでしょう？　「ニッポン」と読む場合はカタカナ表記になる場合が多い。応援するときなんかも「ニッポン」かな。もしかして身近なときが「ニッポン」なんでしょうか。

押井　じゃあ、戦前は日本のことをどう呼んでいた？　「ニホンジン」と読むと、ちょっと堅苦しい感じがするし。

――大日本帝国じゃないですか？

押井　あのころは「我が帝国」と呼んでいた。明治維新の20年ほどあと、大日本帝国憲法を作ったからでもある。第二次大戦のあとに作られた憲法は「日本国憲法」。大日本帝国憲法は「ニッポン」、日本国憲法は「ニホン」と発音する人が多いんじゃない？

だから、戦前の呼び方は「ニッポン」が多かったけど、戦後は「ニホン」も一緒に広く使うようになった。「日本大学」は「ニホン大学」だし、「大日本印刷」は「ダイニッポン印刷」。「ニホン」と「ニッポン」、どちらでもいいんですよ。

――「ニッポンレンタカー」とか「ニッポンハム」とか、基本的にカタカナ表記のときは

「ニッポン」が多いかもしれない。

押井　あとは距離感だろうね。親しんでもらいたいときは「ニッポン」。破裂音が入ったほうが景気もいい感じがする。その一方で、改まった感じだと「ニホン」が使われる。「日本料理」を「ニッポン料理」とは言わないでしょ。

何を言いたいかというと、日本語は基本的に、文字の表記と読みが別々だということ。ひとつの日本語に、発音は無数に存在している。よく言われる「キラキラネーム」なんてそのいい例だよね。

――調べてみると、「心愛」と書いて「ここあ」と読ませたり、「七音」と書いて「どれみ」というのもありますね。日本のキラキラネームは驚くばかりですよ。ばあさんになったら、この名前はかなり恥ずかしいかもしれない。

押井　こういうのはアルファベットの国ではまずありえない。アルファベットにその自由さはないから。日本と同じように漢字を使っている中国でもそこまでの自由さはないと思う。日本だけが、これだけ好き放題に漢字を読んでいる。

それって本質的に、日本人の正体に近づいていないかというのが、この章でのわたしの趣旨なんですよ。

言葉と読み方

——漢字は中国からの輸入品だから、自由自在にアレンジしたんでしょうか？

押井　自由と考えるか、テキトーと考えるか。あるいは、表記するときの言葉と、読むときの言葉、それぞれに違うニュアンスを持たせたいと考えているのか。それとも、同じ漢字に違うルビをふって、表現できない何かを伝えたいのか。

わたしは、言葉にできない感覚を、相手に伝えるためにさまざまな工夫を凝らしたんだと思っている。わたしが言いたいのは、表記と呼び方がこれだけ別々になっているということは、言葉に託す思いというのが、日本人は独特なのではないかということなんです。

——ところで押井さん、漢字が輸入されるまえの日本人はどうしていたんですか。

押井　伝承の文化しかなかった。語り部しかいなくて、書き留めることができなかった。個人生活は、言葉を残すことで初めて成立する。日記の世界ですよ。そのとき何が起きたのか？　自分は何を思ったのか？　それを客観的に形にするためには文字が必要になる。個人が内面の世界を獲得するための唯一の手段が文字だったんですからね。そうすることで、やっと日本人が日本人たる根拠を獲得できた。

ひらがなは、その漢字をエディットし、リミックスして作った日本独自の文字。このときからすでに日本人は素晴らしい編集能力を発揮していた。漢字に音読みと訓読みを作り、漢字からカタカナとひらがなを作った。そうやって言葉を編集することをずっと繰り返してきたんです。同じ漢字でも違う読み方を対応させるというのも、いわば編集だからね。

——子どものころ、わたしの名前の「麻紀」も「アサノリ」と読まれて、男子に間違われた経験がありますね。

押井　日本の場合は、他国の言葉以上に、男女共有できる名前が多いんじゃないの？　これは言葉に多くの読み方をつけてしまった結果のひとつですよ。

それに日本人は、読み方をつけるだけではなく、言葉そのものをどんどん増やしていった。言葉というのは増えることはあっても、減ることはないから。

たとえば最近、よく耳にする言葉に「エモい」というのがあるよね？

——英語の「エモーショナル」が語源で、「感動的」とか「心が動かされる」ときに使われるようですね。

押井　おそらく「キモい」がなければ「エモい」も生まれなかったと思う。言葉が連鎖反応的に違う言葉を生んでいて、ある特殊な言葉の使い方が、その延長線上でさらに新しい言葉を生んでしまうんです。とりわけ今は、情報のやりとりが激しいからサイクルが早く、「エモい」も「キモい」もいつまで使われるか分からないけれど、消えてなくなることはない。どこかで確実に生きている。

——なるほど、言葉が言葉を生むんですね。

押井　わたしの言いたいことはひとつです。日本という国をどう呼ぶかということを含めて、日本人は同じ言葉をなぜ、さまざまな読み方をするようになったのか？　その答えは、わたしの個人的な見解では、「言葉にいろんなニュアンスを込めようとしたから」になる。もっと言うなら「言葉の限界を超えようとした」とまで思う。

モノと対応関係にあるのが言葉であり、「怒り」や「悲しみ」など、心の動きにも対応する言葉もある。日本人は対応する関係を無数に増やそうとした。もっと微妙なものをたくさん作りだそうとした。微妙な差を言葉で表現しようとした。これは間違いなく、日本人の本質に根差しているものだという気がして仕方がないんです。

唐心《からごころ》と大和心

――確かにそういう細かい作業は、日本人の気質っぽいですよね。

押井　日本人は文化や経済、あらゆるものを中国から輸入した。でも、唯一輸入しなかったのが「唐心《からごころ》（漢意）」。その代わりに何を大切にしてきたかというと「大和心」なんですよ。言葉に託せないものをどう伝えるのか、その想いを意味した言葉です。一番、有名な言葉で言うと「大和魂」になる。

――それはもちろん知っていますが、久しぶりに聞きました。

押井　今、「大和魂」なんて言うと、時代錯誤そのものなのかもしれないけど、戦後や戦前のある時期、「大和魂」という言葉が日本人を支えていたのは間違いない。海外でそれに匹敵するような言葉もないと思うよ。

――外国の人もよく使う「武士道」とも違うニュアンスなんですか？

押井　わたしたちが知っている武士道という概念が生まれたのは明治以降。明治政府が都合上使った言葉で、国民の生活に長い間、根付いていたものじゃない。欧州の人々の心の支えとなっている宗教の代わりになる精神的な権威が日本人にも必要だろうというので使われた言葉が「武士道」なんですよ。江戸時代にも狭い範囲で使われていたようだけど、そのときは武道と同じような意味に過ぎなかった。

なぜ、精神的な権威が必要だったのかといえば、日露戦争のとき、日本兵が逃げまくって、ロシア兵の突撃に対応できなかったからです。日本の兵士はみんな町民や農民の集まりだったから仕方ないんだけど。

——それでよく、日本は大国ロシアに勝てましたね。

押井　ユダヤ人のスポンサーが出てきたり、ロシアで革命が起きたりして、いろいろラッキーが重なったからどうにか勝てた。これはまた話すと長いんだけどさ。少なくとも、明治政府が推進した「武士道」と、わたしが今から話す「大和魂」は別物ですから。

「大和魂」は平安時代から使われていて、日本人を表現するためには忘れてはいけない言葉のひとつ。日本人が最後まで手放さなかったものですよ。これを手放したら日本人ではなくなってしまう。そう言ってもいいくらいです。

この本では、その「大和魂」の内実は何かということを考えたい。わたしに言わせると、日本人が日本人であるための最低限の何か、それが「大和魂」であり「大和心」になる。

「大和心」は闘争的なものではないし、「ガッツ」など、そういう熱いものを表現しているわけでもない。正剛さんの言葉を引用させてもらうと「面影《おもかげ》」とか、そういう言葉になる。

――「やまとなでしこ」という言葉もありますよね。

押井　今では女子サッカーの「なでしこジャパン」でしか使われてないけど、「なでしこ」と言われてすぐ思い浮かべるのは普通、花じゃない？

――なでしこの花は小さいけれど、色は結構毒々しい。むしろ桜のほうが日本っぽいですけど。

押井　語感だよね。その言葉が現物と対応関係になくても日本人はわりと平気なんです。確かに「なでしこ」より「桜」のほうが合っているのかもしれないけれど、桜は桜で、言葉と現物がこれほど一致しているのも珍しいくらいだから。パッと咲き一週間くらいで花吹雪となって消えてゆく。はかなげなイメージ。正剛さんも「はかなし」という言葉を使っている。

そういう意味では、日本人の感性を語る言葉はたくさんある。それをどうやって日常感覚として取り出してみせるかという、その方法論が失われているんです。今の日本人の日常のなかでは「面影」とか「はかなげ」なんて感覚、まるでないでしょ？　でも、そういうことをまるで意識せずに生きているにもかかわらず、日々の行いや言葉のなかにはその痕跡を見て取れる。それを通じて日本人の原感情をすくい取れるんじゃないかと思うんですよ。

――ということは「大和心」というのは、理念とか思想じゃなくて感情や感覚なんですね。

押井　そうです。生活感情みたいなものかな。折に触れて感じるもの。なぜ日本人は、はかないものを愛するんだろうとか、負けていくものに対する想いとか。欧米の人には分からなくても、なぜか日本人にはすぐに分かってしまう、あの感情ですよ。

――ところで「唐心」というのは、一言で言うと何なんですか？

押井　わたしは、漢字文化圏の呪縛のことだと思っている。漢字文化圏に取り入れられたら中国人の文化構造にからめとられてしまう。アジア諸国はそれを経験しているし、いまだに抜け切れてない国もあるくらい。

ベトナムも韓国もかつては漢字を使っていた。韓国はハングル文字を作ることでそれを脱し、日本人は漢字を編集しまくってひらがなを作り、カタカナを作り、自分たちの手で新しい言葉を創り上げた。漢字をここまで編集しまくり、自分たちのものにしてしまったのは日本人だけですよ。

なぜかと言えば、漢字文化圏の国には漢字以外のツールがなかったから。漢字を自分たちなりに使いこなすことができなくて、捨てるという選択肢しかなかった国もある。でも日本には、精神的なよりどころになる大和心があったんです。

――ということは、ほかの漢字文化圏の国には日本の大和心に代わる価値観がなかったんですね？

押井　なかったと思うよ。宗教的、文化的、政治的にもなかった。これはナショナリズムや民族主義という以前の話。日本の心象そのものと言っていい。「大和魂」と言ってしまうと語弊がありそうだけど、要するに「気配」とか「面影」ですよ。日本人を支えている感性のこと。言葉にするのは難しいけれど、確かに存在している。

なぜ日本人は、滅びゆくものに、これほどまでの哀惜の念をかけることができるのか？　それを「わびさび」とか「国民性」とか「文化」とか、いろんな言葉を使って説明し始めると、ますます分からなくなる。でも、そんな心情が分かる瞬間が、日本人なら誰でもあるんですよ。

そういう心象に相対する存在が「唐心」。私に言わせれば漢字文化圏の呪縛なんです。文化というのは格差の問題だから、圧倒的に染め変えられてしまう。これに抵抗するのは至難のわざですよ。

——でも、日本人は大和心で抵抗した。

押井　もちろん、簡単なことじゃなかったはずなんだけど、それを大したことだとは思ってない。本人たちが、その苦労をまるで分かっていないのは、とても日本人的だと思うよね。

詳しいことは、長谷川三千子さんの『からごころ—日本精神の逆説—』を読めばいい。日本人の言葉に関するほとんどの問題が語られている名著ですよ。

日本語とニュアンス

――日本語にはニュアンスがたくさんありますよね。日本語を英語に翻訳する場合を考えると分かりやすいかもしれない。たとえば『平家物語』の「諸行無常の響きあり」なんて、英語では伝わりにくそうじゃないですか？

押井　「無常観」だよね。そういうのは英語にしたところで、日本人の心情とちゃんと合っているとは思えない。たとえば「市民」という言葉。英語だと「ｃｉｔｉｚｅｎ」だけど、日本人が抱いている市民と、欧米の人間が感じている市民には大きな違いがある。欧米では自己決定権を持っている人間という意味。日本はそこまで考えていないから、そのニュアンスには大きな違いが出てくるんです。

もっと身近で言うと「愛」という言葉。今ではみんながよく使っているけど、戦前はほとんど使っていなかった。もちろん、言葉としては存在していたものの、今と違ってもっと邪《よこしま》な使い方をされていた。欲望を表す言葉だったんですよ。今の「愛」の使い方に近いのは、むしろ「情」のほう。「情が移る」とか「情が濃い」とか、いろいろな使い方があった。

わたしが「情」のほうがいいと思うのは、そういうふうに使い方がいろいろあるところ。「愛」の場合は「愛している」「愛してない」くらいしかないじゃない？「愛が移る」「愛が濃い」とはあまり使わない。しかも、愛する対象が親子だったり恋人だったり友人だったりすると、また違ってくる。その心情を「愛」という言葉だけで表現するのは難しい。「情」のほうが言葉としての展開力があるから、微妙なニュアンスを伝えやすいんですよ。

感情に根差した言葉というのは、言葉だけでは表現できないからこそ、読み方を何通りも作ったり、動詞や形容詞、名詞として使ったりする。日本人は、いろんなレベルで言葉を編集しまくって、そのニュアンスを伝えようとしているんです。

——日本人は、そういうさまざまな気持ちを、愛という言葉でひとくくりにしたくなかったんですね。

押井　そうです。だから日本人は「歌」をとても大切にしてきた。日本の心は「歌」、大和の心も「歌」。和歌のことだよね。短歌でも同じ。日本の文化はまず「歌」から始まったんです。「万葉集」の昔から現代のＪポップまで、ある「情」を伝えるために歌っている。「歌」という形式が日本人にはぴったり合ったんです。「和の心は歌」と言っていいくらいですよ。

――短い言葉のなかに、言葉を駆使して想いを込めるのが、とても日本人っぽいですね。

押井　言葉の文化というのは日本人にとって、計り知れないくらいのインパクトがあった。貴族だけじゃなく、町人に至るまでそれを尊重した。多様な言葉を、多様な編集を経て作り、それをいろいろなレベルで使いまくった。現在に至るまでどれだけ言葉を作っているのか？　しかも階層や性別、年齢、地域によっても違う。方言も、方言で伝えたいニュアンスは、標準語には置き換えられないんだからね！

昨今のポップスや流行歌の世界は、日本語はもちろん英語も流行語も入っていてメチャクチャなわけだ。でもさ、そのなかから忌野清志郎が現れて、欧米の音楽に本来はフィットしない日本語を適応させて独自の表現にしちゃった。大したもんだと思うよ。大衆芸能や大衆文化、サブカルチャーといわれている世界は、先端の動きを示す場所。つまり流行を作り出すところなんですよ。

日本人は日本語とじゃれ合いもするし格闘もする。書き言葉だけじゃなく、発声のレベルまで変えたりする。語尾を上げるのはその典型だし、フラットに喋ることもある。

――「彼氏」を「カレシ」っていう感じでしょうか。

押井　そうそう。わたしはそういう平坦な喋り方も好きじゃないし、語尾を上げるのも嫌いなんです。あれは議論にはまったく向かない。最初から同意を求めているからですよ。日本人が議論が下手なのは、気分を伝えようとするから。「背中で語る」という表現も「気分」を伝えるために使う。子どもがオヤジの背中を見ながら育つとかさ。これも日本語の使い方のひとつ。身体の各部で何かを伝えようとする。

――『アラバマ物語』(62)のグレゴリー・ペックはまさにそうだった。彼は背中で無念を語ってましたよ。

押井　そう感じるのは麻紀さんが日本人だからです。

わたしがポーランドで『アヴァロン』(01)を撮ったとき、無言で感情を伝えることについて散々議論した。セリフが少なすぎて、感情が伝えられないと言うからですよ。主人公のアッシュがひとりだけで自分の部屋にいるシーンが十数分あった。犬のご飯を作って食べさせたあと、酒を飲んでタバコを吸い、パソコンを叩く。その十数分、セリフがない。女優さんは、その間、どんな芝居をすればいいんだと言い、セリフを入れてくれと言ってきたんです。向こうでは舞台の伝統もあって、誰かと誰かが会うことで物語が始まるから、ひとりだけという経験がほぼないわけなんですよ。

――そのシーン、無言のままでしたよね?

押井　うん。それを通したの。動きや仕草、表情、あるいは間の取り方で感情を伝えるんだと言ったら、それはとても日本的だと言われてさ。ポーランドで撮影し、ポーランド語のセリフにポーランドの役者を使ったにもかかわらず、その役者や現地のスタッフたちには「日本映画」と言われたんですよ。『ガルム・ウォーズ』(15)のときでさえも、似たようなことを言われたからね。

——それは押井さん的には意外だったんですか？

押井 ある意味ね。でもそれは、逆に言えば世界中、どこで撮り、何語の作品であろうが、わたしが作るとわたしの映画にしかならないということ。それが彼らに言わせると「日本的」なんですよ。まあ、それを証明するために、その2本の映画を作ったようなものなのかもしれないんだけどね。

『攻殻』と神道

——押井さん、たとえば『攻殻機動隊』（『GHOST IN THE SHELL／攻殻機動隊』／95）などは、ある意味、とても日本的なのに、海外での評価のほうが高かったくらいじゃないですか？

押井　わたしの作品は日本より海外のほうが受ける傾向が強いようで、その理由はなぜか、わたしも考えてきたんですよ。そして行き着いた答えは「基本的に何かの誤解があるからだろう」になった。なぜなら、映画というのは誤解する形式で作られているから。映画に限らず、芸事はみんなそうで、誤解することがなかったら全然、膨らんでいかないし、展開もしない。１００のことを１００伝えるのではなく、30のものを１００に伝えたり、２００も語って微妙な10を伝えてみたり。比例しないのが芸なんです。問題なのは、どう誤解したのか？

『攻殻』は実は神道ですからね。原作者の士郎正宗さんも神道に入れ込んでいたし、わたしもそうでしたから。

――それで最後の歌を謡《うたい》（『謡Ⅲ‐Ｒｅｉｎｃａｒｎａｔｉｏｎ』）にしたんですね？

押井　そうです。あの歌詞は『万葉集』なんです。川井（憲次）くんが図書館にこもって万葉言葉をあさり、それを適当に繋げただけ。「遠神恵賜《とおかみえみため》」と謡っていて、これが作品のテーマ。

――「遠くの神が恵みを垂れてくださる」という意味ですね。

押井　そういう感じもある。どちらにしろ神様に捧げた謡なんだけど、そういう神道的な部分が海外の人に伝わったとは思えない。

――押井さん、わたしたち日本人も神道など、よく分かりませんよ。

押井　分からなくても、子どものころから神社に行ってお賽銭を投げたり、鈴を鳴らし、柏手打ったりしているじゃない？　だから、確かに詳しいことは知らないし分からないだろうけど、そういう経験があればニュアンスは伝わると思うよ。「ゴースト」なんて、いくら説明しても分かんないでしょ？　でも、ニュアンスは分かるはずです。

――「魂」だと思っていますけど……。

押井　日本では「魂」はあらゆるものに宿っている。人間に限らず動物、もっと言うとモノにも宿っている。『イノセンス』(04)でいえば人形にもですよ。しかし、向こうの人はこの感覚が分からない。スピリットは神様から与えられたもので、なおかつ人間だけが持っていると決められているから。

——なんとなく分かります。わたしも25年もがんばってくれたテレビを捨てるとき、写真に撮ったし、長い間ありがとうと声をかけましたよ。

押井　それって一種の儀式でしょ？　日本人はそういうとき、儀式が必要なんです。人形供養があり、針だって供養するんだから。『イノセンス』でも、人形を次々と炎のなかに放り込んだけど、あれは人形供養のつもりですからね。

そういう具合に『攻殻』と『イノセンス』は神道の価値観で作られているにもかかわらず、海外の人に分かるんだろうかと思うよね。日本人だって分かっているか怪しいとはいえ、それでもニュアンスは伝わるはずなんです。

ついでに聞くけど、素子が最後、戦車のハッチを開けようとして身体がばらばらになるじゃない？　あれは何を表現していたか分かる？

——天の岩戸ですよね。昔、押井さんから伺いました。

押井　素子はアマノウズメです。岩戸のまえで踊り身体がばらばらになる。

あのシーンは素子と人形使いの結婚の場なんですよ。実体のないものと結ばれるとか、結婚するとか交わるとか、それ自体が極めて日本的な説話行為なんです。日本人ならそういうのはニュアンスとして分かってくれそうだけど、果たして海外の人はどうなんだろうと、わたしは思っているんだけどね。

——理解はしてないけど、あの雰囲気がジャパンな感じで好きだったのでは？

押井 そういう感覚があったから『攻殻』もサブカルチャーの最前線のような扱いを受けたんだろうけど、そこで扱っていたのは日本的な心象世界だったんです。士郎（正宗）さんの考えている「ゴースト」とは何かということを、自分なりに考え、辿り着いたのがそこだったんです。

——それについては士郎さんとは話さなかったんですか？

押井 だから考えたんですよ。士郎さんの作品にはたくさん神道的な要素が出てくるから、わたしの考えがまるで違うとは思ってない。

彼は漫画家だから、言葉と絵でしかそういうことを伝えられない。それが漫画の限界です。映画の場合は映像も音楽も言葉もあらゆる要素を使って、よってたかって説得しようとする。やっぱり漫画はクール。文学と一緒ですよ。

そんな日本的なニュアンスを語るとき、もうひとつ重要なのが「わびさび」の世界になる。日本人が大切にする言葉だけでは表現できない世界。それこそが「わびさび」の世界ですよ。あとは「やつし」もそう。「わびさび」に関しては正剛さんの本を読めば、すべて分かります。彼にかなう人はいませんから。

日本人とわびさび

――「わびさび」も、いわば日本人のこだわりですよね？

押井　「こだわる」というのは「執着する」とイコールで、そこに価値観を置いているのが日本人の特性です。ラーメン屋だろうが建築家だろうが、何だってこだわりまくる。「こだわる」のはいいことだと思われているようだけど、実はいい言葉ではないんです。

仏教の趣旨は「執着を捨てろ」だから、いいはずがない。

にもかかわらず日本人は、「執着する」「こだわる」ということに価値観を置いている。じゃあ何に「こだわる」のか？　本筋以外のところにですよ。それが「さび」なんです。「さび」という言葉を聞くと「渋い」と思うかもしれないけど、本来の意味は「すさび」。「荒ぶる」の「すさぶ」ですよ。一方で、「遊ぶ」と書いて「すさぶ」と読むこともある。

そういう研究を続けている正剛さんが言うには、要するに日本人は「荒ぶる」ことと「遊ぶ」ことを近づけた。つまり、本筋から離れる、本来の趣旨から離れる、破壊する、ぶち壊すのが「荒び」なら、「遊び」は本来、生活の外側にあるものだから、両者の立ち位置は似ている。そこで一緒にしてしまったというんだよね。

——その言葉の関係性は面白いですね。

押井　わたしはこういう話のとき、頭に浮かぶのが北野武なんです。彼は「遊ぶ」ということをとても大切にしていて、「遊ぶことが人生だ」みたいなところがある。『ＨＡＮＡ－ＢＩ』（98）でも、主人公の男は死ぬまえに散々遊んでいたし『キッズ・リターン』（96）

も「遊び」が重要なテーマになっている。ラストで自転車に乗ったふたりが、校庭をぐるぐる回って「俺たちもう終わっちゃったのかなあ？」「ばか野郎、まだ始まっちゃいねえよ」と言う。そうやって、これからもふたりで「遊ぼう」としているんですよ。やくざで偉くなるのも、ボクサーのチャンピオンになるのも、ふたりにとっては最終的なテーマではなく、目のまえの友だちのほうが大事なのかもしれないと思わせる。チャンピオンややくざの出世街道なんて、ひとつの価値観しかないじゃない？　おそらく武はそういう価値観は持っていない。ただのお笑い芸人じゃなくて、監督もすれば絵も描く、小説も書く、いろんなことをやりたがる。それは何かといえば「遊びの精神」なんだよ、たぶん。

わたしはそのセンスにすごく共感する。わたしがいつも武にシンパシーを感じるというのは、自分も同じようなことを考えているから。映画監督だけで一生を終わろうなんて全然思ってないからですよ。だから、アニメも実写も舞台もやった。小説を書き、ゲームも作った。万博のパビリオンまで演出（愛知万博のパビリオン『めざめの方舟』）したからね。「余計なことはするな。アニメだけ作っていればいい」と師匠（鳥海永行）をはじめ、いろんな人に言われたけど、やったことを後悔したことは一度もない。なぜって、とても面白かったから。本筋よりそっちのほうが面白くなったりすることだってある。江戸時代の言葉で言えば、いわゆる数寄者、もっとまえの言葉ならば傾奇者《かぶきもの》ってやつ。そうなるとやっぱり、わたしは「すさぶる系」なのだろうと思うわけですよ。

――「わび」はどうなんですか？「お詫びします」ですよね？

押井　うん。でもここでもまた漢字が違う。謝るほうのわびるは「詫びる」で、「わびさび」の「わび」は「侘び」。じゃあ「侘びる」って、そもそも何を詫びているのか？これは茶道からきている。茶道は引き算で、どこまで削ることができるのか、これがその本質になる。「何もありませんが」と言うときの「侘び」。「お茶でもいかがですか？花一輪しか飾っていませんが、それでも心を尽くします」という意味だよね。日本人はそういう感覚を大切にしたいと考えていたんです。

でも、ご存じのように卑下していたわけじゃない。質素であることを謝りつつ、実は誇っていたんだからね。

——一見、質素だけど、その一輪挿しの花瓶が名品だったりするわけですよね？

押井　お金をかけて貧しいものを表現するんです。これを「やつし」という。「わびさび」が流れて行って、江戸時代に「やつし」になった。

——「身をやつす」というときの「やつす」ですね。

押井　「和光同塵」。チリのようになって世間になじむという意味です。

秀吉の聚楽第のような贅を尽くしたものの対極にあるのが、千利休の作った価値観。贅を尽くす一方で「侘び」を追求した。でもこれも、贅を尽くす価値観があるからこそ成り立つわけで、「侘び」が美学になるんです。「やつし」は「仮の姿」であるわけだから、これも「本物」があってこそ成り立つ。

日本人はわりと「仮の」という価値観が好き。身をやつして漂泊する者に対する思い入れがあるんだと思う。「木枯し紋次郎」だって「やつし」ですから。長い爪楊枝をくわえているヘンな渡世人だと思っていたら、とてつもなく強いわけだから。

スサノオとアマテラス

――そういうのは時代劇にたくさん登場してますよね。もうひとつの「すさぶる」という言葉の起源はどこにあるんですか?

押井 「すさぶる」は大きく遡る。『古事記』や『日本書紀』まで、高天原まで遡る。麻紀さんの大好きなアニメに出てくるじゃない。

――東映動画の『わんぱく王子の大蛇退治』(63)ですね! 主人公のわんぱく坊やはスサノオでした。「すさぶる」はこのスサノオが起源なんですか?

押井 『~大蛇退治』は本当によくできていて、わたしに言わせれば教養として観ておくべきアニメーションです。日本神話がとても分かりやすく整理されているから。母親を亡くして悲しむスサノオが、母に会いたいがために、まず兄のツクヨミノミコトがいる夜《よる》の食国《おすくに》に行き、それから姉のアマテラスがいる高天原に行く。有名な八つ頭の怪物、出雲の国で畏れられるヤマタノオロチは氾濫する川のメタファーともいわれていて、スサノオは怪物を倒し、生贄にされそうだったクシナダ姫を助けて結婚し出雲の国に落ち着く。そのふたりの子孫が大国主命です。

猛々しいスサノオがいたことから、出雲は「あらぶる神」「すさぶる神」、和やかなアマテラスがいた高天原が大和朝廷で、こちらは伊勢神宮。これが伊勢神宮によると皇室の御先祖の神と伝えられている。一方、今でも出雲には世襲制の宮司がいて、彼は日常的な生活を一切しないといわれているからね。

日本の古代史は本当に謎が多く、とりわけ出雲は謎だらけ。わたしは、もしかしたら出雲のほうが古いんじゃないかと思っている。なぜなら「あらぶる神」「すさぶる神」の系列は開拓精神に通じていて、国づくりに向いているからだよ。それに対して大和朝廷は和やかな「和の国」だからね。日本のディベロッパーは出雲で、それを文化的に併合していったのが大和朝廷という考え方。正剛さんもこちらの考え方だと思います。

どちらにしろ、かつての日本には二系統あったというのは、かなり重要な話で、「あらぶる」スサノオと「なごやか」なアマテラスという、それぞれを代表する神様がいて、それぞれを尊ぶ人たちがいたということです。

正剛さんも言っているんだけど、日本の芸能のなかにもこのふたつの対照的な価値観が並行して生きている。和やかで間合いを取るほうと、荒事、激しい感情が流れ出すというふたつの系統。お能にも歌舞伎にも、相撲にもある。相撲なんて仕切りという静の部分から、一気に身体をぶつけ合う荒ぶる行為に向かって勝負がつく。静止とか間合いを大切にする一方で荒事も絶えずある。これが日本の芸事の本質です。舞台では、間合いだけで作った鈴木忠志というような人もいれば、その一方で、あらぶるだけで作った唐十郎という演劇人もいるけどね。日本の伝統芸能の世界では和やかと荒ぶることは表裏一体の関係。お能はその典型ですよ。

――それは日本だけのことですか？　西洋の文化のなかにも、静寂や荒々しさは一本の作品のなかに共存していると思うんですけど。起承転結などは違うんでしょうか？

押井　西洋の場合は、物語の流れのなかに存在していて、メリハリを作っている。日本の場合は、別物としてどちらも存在しているだけで、メリハリをつけたいから用いるという演出上の必然とはまるで違う。単に併存しているということだよ。

――西洋の場合は、物語を面白くするために使っていたけど、日本の場合はその対照的な価値観を併存させることが重要だった。西洋は手段で、日本は目的ということですね？

押井　そう、日本の場合は個々に実現すべきものだった。なぜかというと、日本には二系統あったから。

人間も二系統に分けられて、わたしや麻紀さんは明らかにスサノオ。根の国です。でも、もしもうひとつあるなら、わたしの場合はスサノオというより、もうひとつの夜の食国のツクヨミのほうになる。

月と太陽

――きょうだいのもうひとり、『～大蛇退治』では海底の氷の世界に住んでいたスサノオのお兄ちゃん、ツクヨミはどこに行っちゃったんです？

押井　それはわたしも常々考えるんだよね。アマテラスが太陽なら、その対称としての月。太陽は生命力の源で、農業もすべて太陽を中心に回っている。その一方で月齢の世界も存在している。月の満ち欠けで時の流れを測ったりしているから。

日本人はとりわけ月を愛したというか、月に対する思い入れが強いにもかかわらず、ツクヨミの流れについてはよく分かっていない。とはいえ、確実にありそうじゃない？　だとするとやはり、日本はとても複雑な構造を持っていることになる。

――「荒ぶる」と「和やか」の中間をとって、月は「中庸」だったりするんでしょうか？

押井　いや、それは違うと思う。別物ですよ、きっと。「荒ぶる」と「和やか」は同じ舞台に乗っている。その舞台には当然、裏も下もあるはずで、わたしはそれが月だと考えている。つまりバックステージ。定住者や町人の世界にはバックステージはないけど、いつも違う人生を生きている芸能者にはある。虚構の人生と実際の人生、どちらかがその人にとってバックステージなんですよ。わたしは自分がそうだから、そういう人生に興味があるし、月にも興味があるんだと思っているんです。

――わたしも太陽より月ですね……というか、月のほうが好きです。

押井　サブカルチャーをやっている人はお月様の人間ですよ。しかも麻紀さんはSF者だから、もれなく月のほう。SFやファンタジーには圧倒的に月に関するものが多いじゃないですか。荒俣（宏）さんが「ファンタジーはすべて月から生まれた。ファンタジーの世界は月から離れたことがなかった」、そして「長いこと別世界だと思っていたのは、実は月のことだった」というようなことを『別世界通信』で書いていて、これにわたしはいたく感銘を受けた。自分がずっとこだわり続けてきたものの正体が半ば以上分かったのは、その本のおかげですよ。『ケルベロス―地獄の番犬』（91）、『ダロス』（83～84）、『人狼

JIN-ROH』(00)だって「月」ですからね。『ガルム・ウォーズ』の企画もそこから出発したんです。

でもさ、月には別の世界がありそうだけど、太陽をそう見る人はあまりいないと思わない？ 人間に近いのは絶対に月のほうですよ。正剛さんが『ルナティックス 月を遊学する』で書いていて、わたしはこの荒俣さんと正剛さんの月に関する本で、自分はツクヨミノミコトの末裔で、月神信仰だということが分かったんです。

——やくざな商売の人は全部、月ということですかね（笑）。

押井 道を外れているからこそ輝くものもあるわけだし、月は太陽の反射で輝いているだけだしね。芸事をやる人はみんなルナティック。気分で生きてるから。

でも、サブカルをやっている人が全員、月というわけじゃない。宮さん（宮崎駿）はずっと太陽にかかわってきた人。高畑（勲）さんと一緒にやった『太陽の王子 ホルスの大冒険』(68)なんて、まんま太陽だから。そもそも本人も気分的にアポロン志向だしね。そういうアマテラスの宮さんがいたおかげで、わたしは「遊ぶ」ことができたし、スサノオをやってられたと思っている。

――宮崎さんが、いわゆるアニメの王道を押さえてくれるから、押井さんは好きなことをして遊べるんですね。

押井　そうです。しかも宮さんは好きでアマテラスをやっているから何の問題もないんですよ。

――ルナティックと言えば、SF作家のホーガンが『星を継ぐもの』のなかで、月で発見された人間のことをルナリアンと命名してましたよね。

押井　わたしもそれに準じて『ダロス』でルナリアンと命名しました。ムーンベースも「ルナシティ」。そっちのほうがぐっとくるから。

――それにしても、日本の価値観は複雑ですね。

押井　日本文化の構造をロジックとして語ろうとすると、どうしても最後には混乱してしまう。もちろん、このあと話す宗教も同じ。そして、どこから話しても結局は同じ話になるんです。

第三章

何もせんほうがええ。

日本人と仏教

押井　コメや鉄、漢字に続いて日本人が輸入したのが仏教。これが第三の黒船になる。

日本に広めたのは聖徳太子だったということは、誰もが教科書で教わるけれど、彼が実在していたかはよく分かっていない。厩戸皇子はいただろうし、モデルになった人物もいたとは思う。でも聖徳太子は怪しい。そういう意味ではイエス・キリストみたいなもの。わたしは疑問視しているほうだけどね。

もうひとつ、仏教を語るときに、忘れてはいけないのが蘇我氏。彼らは渡来人という説もあるくらいだから、最初から仏教にはなじんでいた。氏族仏教といって、「氏《うじ》」として仏教を信仰していて、日本で広めようと尽力したんですよ。

一方、蘇我氏と対立していた物部氏は土着の日本人。蘇我と物部の大戦争、丁未《ていび》の乱（587年）が起きて物部氏は大粛清され、仏教は国家的な保護を受けて大きく展開していった。

仏教は、中国の政治や経済とセットで輸入された。ということはつまり、最初から政治の道具だった。結果的には統治のための技術だったということになる。

——でも、日本にも既成の神様がいたんじゃないですか？　彼らはどうなったんでしょう？

押井　世界の歴史と同じようなことが起きたんです。あとから来た宗教が土着の宗教、以前からあった信仰をのみ込んでしまう。ケルトやローマの神々がキリスト教にのみ込まれたようにね。

そういうときは、意図的に編集がなされる。以前の神は悪魔にされるか僕《しもべ》になるか、どちらかになる。でも、日本の場合はほとんど本地垂迹で〝化身〟になった。以来、日本は多神多仏。一神教でもなければ多神教でもない。多神教はギリシャとかローマとかインド。仏教も特定のものを除いて、仏様がたくさんいるから多仏。お釈迦様に観音様がいて、四天王がいる。どんだけ神様仏様いるのってくらいいる。

日本の多神多仏っぷりは七福神がいい例。あれは神様の幕の内弁当です。神様の背景にはそれぞれ、仏教もあれば道教もヒンズー教も、神道もある。宗教の詰め合わせ弁当のようなもの。あんなの作ったのは日本人だけですよ。

――そうかもしれませんね。

日本人と神様

押井　で、話は飛ぶけど「おむすび」は分かるよね？

――おにぎりといったり、握り飯ともいいますね。

押井　漢字で書くと「結」、そして「産」。「産」と書いて「むす(び)」と読む。半村良のＳＦ小説に『産霊山秘録《むすびのやま》』というのもあったし、ものを生み出すことを「産び《むす》」と言った。ただし、体内から生み出すんじゃなくて、作り出すほう。イザナギがスサノオたちを目や鼻から作り出したのと同じ。それを「むす(び)」と呼んだんです。

こういうニュアンスは言葉としても概念としてもとても珍しい。木や大地から生まれたりするのはギリシャ神話では語られているけど、日本人の場合はそれを「産」という言葉ひとつで表した。生産的な現象として子孫を作り出すこと、繁殖とは異なるニュアンスで、国を結んだり、神様や人を結ぶという意味として使っていた。ご祝儀のときに使う「水引」もそうですよ。あれも結んでいるからね。横綱が土俵入りするときの注連縄《しめなわ》の結び方にも雲龍型とか不知火型などがある。日本人は結ぶということにいろんなバリエーションを作ったんです。

――「結」という漢字のときは「結婚」「結束」「直結」「結末」とか、やはり結び合わせるという印象が強いですね。

押井　あとは「結界」とかね。「結界を張る」という言い方をするけれど、別にこれは魔除けじゃない。四方に柱を立てて注連縄で結んだ場所のことを「結界」と呼ぶんです。では、その場所は何に使うかといえばお客様を呼ぶために使う。お客様とは、もちろん神様のことです。神様をお招きするための特殊なエリアを「結んで」作るんです。

――結界にはそんな意味があったんですね。てっきり魔除けだと思い込んでいました。

押井　日本の神様はお招きする「客神」なので、そういう神聖な場所が必要になる。神様はあくまでお客様なんですよ。これが世界の一神教との決定的な違い。一神教の場合の神は主《あるじ》。神様こそがこの世の主で、人間は彼に作られる。日本の神様は逆なんです。

それは、日本の神様に形がないことからも分かる。いわゆる神像がない。仏教は仏像をたくさん作ったし、キリスト教のカソリックだって偶像崇拝を禁じたにもかかわらず、実際は布教のためにたくさんの偶像（イコン）を作った。ちなみに、プロテスタントはいまだに十字架以外を用いない。カソリックとプロテスタントの決定的な違いはここにあるんです。

じゃあ日本の場合はどうかというと、正剛さんに言わせると、日本の神は「気配」。そうなると、依り代が必要になる。これは、決定的なものを明示したくなく、仮のものが大好きな日本人には非常に都合がいい。わたしもこれには大賛成です。

依り代さえあれば、神様を招くことができる。注連縄、結界、ご神木、神社にある鳥居もそう。あの世とこの世を人為的に作っているから、鳥居のまえでも頭を下げ、中をくぐる。神社にいる宮司は、神様をおもてなしするためのホストですから。お正月に各家庭の門に飾る門松だってそうです。あれは家のまえに立てて、年神様を招き入れるためのゲート。玄関に注連縄を飾っている感覚ですよ。

神様はお客様なので、結局は帰るんだけど、では、どこに帰るのか？「あちら」です。「こっち」、いわゆる「この世」は人間の世界という考え方が日本人なんです。「こちらにお招きしておもてなししますので、悪いことしないでね」。日本の神は祟る神なので、こういうふうに考える。そして「居続けずに、〝あっち〟に帰ってください」と思うんです。

「触らぬ神に祟りなし」とか「仏　ほっとけ、神　かまうな」って言うじゃないですか。このネタをわたしも『パトレイバー』シリーズ（『機動警察パトレイバー　NEW OVA第8話　火の七日間』）でやっているからね。

よね。

——秋田のなまはげもそうなんですか？　あの恐ろしい神様も各家庭にいらっしゃいますよね。

押井　日本各地にそういうローカルな儀式がたくさんあるけれど、みんな同じです。お招きしてご馳走をふるまい酒をふるまい、場合によっては夜伽《よとぎ》までして帰っていただく。かつては村で一番の乙女を添い寝させるという風習もあったからね。

お正月も年神様をお招きしているから、家族みんなが盛装し、おせち料理をふるまって、おもてなしする。おせち料理は、主婦が三が日は台所に立たずに休養するためといわれているけど、本来の意味は年神様のいる間は台所に立ってはいけないからです。鏡餅も年神様のため。年神様がお帰りになったあと、みんなでおいしくいただくんですよ。

——神様はそうやって個々の家にやってくると考えれば、確かに「八百万《やおよろず》の神」が必要になりますね。

押井　８００万もいるから不自由はしない。しかもそれはすべて仮の姿で、あらゆるものを依り代にしている。まさに「鰯の頭も信心から」ですよ。

信仰心と宗教心

——かなり合理的な宗教観ですね。

押井　いると言えばいるということ。今風に言うとバーチャルなんですよ。日本の神道の儀式を見ていれば、そこに神がいると仮定してやっている。

さっきも言った「気配」や「面影」、あるいは「うつろい」とかね。日本人はそういうものに価値観を持っている。それが一番、よく表れたのは神様との付き合い方なんです。いろんな神様がいて、しかも顔も姿も持たないということ。これは世界でも珍しい宗教観ですよ。あとは一神教だとイスラム教くらいかな。イスラムは偶像崇拝を徹底的に禁じている。だからこそ、アラベスクとか抽象模様が発達した。やっぱり、意匠として何か欲しいんだよね。日本の場合も同じです。「おむすび」に至るまで、つまり言葉のレベルまで、あらゆるものに象徴を結ぼうとしたんです。

——そういうのは、日本人独特の価値観ということですね。

押井　文化も経済も政治も、神様でさえ海外から輸入し、それで歴史を作ってきたのが日本人です。ただし、外から来るものは尊重するんだけれど、なじんでもらうためには、自分たちの生活スタイルに合わせて必ず〝編集〟を施す。基本的にはそうです。必ず〝同化〟という編集作業が入る。日本を愛したラフカディオ・ハーンだって小泉八雲として受け入れてもらったんだから。

これもまた神様と同じ。ラフカディオ・ハーンも神様も「まれびと」なんです。神様も信じている、仏様も信じている、だけど信仰しようとは考えない。信仰するというのは、自分の人生を差し上げるということだからね。それは絶対したくないので、丁寧にお迎えして、丁寧に去っていただくんです。

宗教はある、宗教心もある。神様仏様も信じているだろう。何だったら鬼やもののけだって信じている。だけど、自分の人生を差し上げようなんてことはこれっぽっちも考えていないんですよ、日本人は。

——日本人は宗教心はあるけれど、信仰心はないということですね。

押井　日本人は、世界にも稀なる宗教心を持っているといっていい。神社仏閣がそこら中にあって、あちこちに神様がいる。そうなったのはみなさんが宗教心を持っているからですよ。でも、だからといって信仰しようとはこれっぽっちも思ってない。

面白いことに、新興宗教に関しては意外と信じてしまう人がいる。どこが既成の宗教と違うのかと言えば、開祖様がはっきりしている点。その場合、日本人は別の扱いをして、信仰してしまう人が結構いる。日本人の信仰心は、リアルな存在以外には持てないのかもしれない。もうひとつの特徴は現世ご利益。病気が治るとか金持ちになれるとか。あるいは、商売相手が広がるとかね。

日本固有の文化を挙げるとなると難しい。にもかかわらず、それでも日本人が日本人としてのアイデンティティーをどこかで保っている理由は自由な言葉感覚、そしてこういった独自の宗教観にあるのかもしれない。

——確かに、驚くほど独特ですね。

押井　そういう独自性は日本人の死生観にもある。それには大乗仏教、主に浄土系が深くかかわっているんです。要するに、命というのは消滅しないという考え方。転生しながら繋がっていくものなんです。個人の人生はその一部に過ぎず、前世もあれば後世もある。一方、西洋の近代における死生観は個人の自己責任という考え方。前世もなければ後世もない。日本人はやはり、この思想を受け入れがたい。

——ということは、キリスト教国の人は輪廻転生を信じてないんですね？

押井　そうです。だからホラー映画の題材になっているんです。日本人の場合は転生を信じているので、たとえ死んでも命は消滅しないと考えている。これが日本人のひとつの死生観です。

若者と「水洗トイレの思想」

——死生観という言葉自体、最近ではあまり聞かないかもしれません。とりわけ若い人たちは、そういうことをあまり考えないのでは？

押井　何でもかんでも目の前からなくしてしまいたいと考えるのが、現代人というか若い人たちだよね。わたしはそれを「水洗トイレの思想」と呼んでいる。つまり、スーパーのパッケージされた食品売り場から、それを食べて排泄する水洗トイレの間だけで生きている。その肉がどこから来ているのか？　魚はどこから来ているのか？　肉もスライスされパックされたものしか見たことがないし、それでしか考えたことがない。それを料理して食べ、水洗トイレで排泄して流し、そのあとどうなるのかも考えたことがない。現代人ってそうでしょ？　そういうなかで、どんな死生観を養うんだろうとは思うよね。

今どきの子どもの多くはじいさんやばあさんと暮らしたことがないから、家族の死を経験することも少ない。年齢を重ね、自分で両親を見送るときまで、家族の死を経験したことのない人はたくさんいると思う。だからこそ、犬や猫を飼って、生まれる姿も死ぬ姿も知る必要がある。わたしはそう思っている。もちろん、たやすいことではないよ。見送るのは本当に辛いから。わたしに言わせれば人間を送るほうが感情を整理しやすいけれど、動物に死なれると気持ちの持っていきようがなくて、余計に辛くなってしまう。

でも、そうやって動物と暮らさなかった人であっても、社会人になれば葬式に参列するだろうし、肉親ではないまでも知人が死ぬこともある。結婚すれば子どもが生まれたり、友人が親になったりするだろう。それぞれがそれなりの経験を積んでいく。では、そのときに顔を出してくる情緒とか心情とは何なのか？

――「水洗トイレの思想」で生きてきた若者たちでさえも、そうしているうちに日本人的な死生観が顔を出すんですか？

押井 そうです。近親者が亡くなった場合、昔だったらその地域の共同体の手順によって通夜を行って葬式をし火葬にする。そういうのが習俗としてあるからね。親しい人を亡くしたとしても、気持ちの持っていきようがあるんです。もちろん、個人主義の時代になり、核家族が多くなった今はそういうことは少ないだろうけど、それでもすべて消滅したわけじゃない。すべての人間が墓はいらないと宣言したわけじゃないからね。歌舞伎町に繰り出しているようなおにいちゃんにもちゃんと日本人的な死生観がある。そういうのがひょっこり顔を出してしまう。それが日本人のアイデンティティーですよ。

――それは何なんですか？

押井　わたしに言わせれば、依然として大乗系の仏教なんですよ。仏教なんて関係ないと思っているだろうけど、習俗や習慣のなかに根強く残っているものの正体は大乗系の仏教なんです。浄土真宗だろうが真言宗だろうが、ざっくり言って浄土信仰なんですよ。

――それは日本で生まれ育ってこそ、なんですよね。

押井　もちろんです。顔は日本人、ＤＮＡも日本人であっても、英語しか喋れないとか日本には短期間しかいたことがないなどだと、日本人としてのアイデンティティーを必要としなくなる。そこがユダヤ人や中国人と決定的に違うところ。中国人はどこにいっても自分たちのコミュニティーを持っているし、ユダヤ人もその点は変わらない。ユダヤ人は世界中に散らばっていても、国が滅びたという体験を語り継ぎ、それを共有していますから。

日本人と死生観

——各地にあるチャイナタウンは、そこだけは中国で、その国の言葉を喋れなくても普通に生きていけますからね。

押井　でも、日本人は違う。そういうふうには生きられない。

小松左京の原作を映画化した『日本沈没』（73）に「何もせんほうがええ」というセリフがあって、これは名セリフといわれている。それこそ、日本が沈没し始めて途方に暮れる日本の総理大臣役の丹波哲郎に、政界の黒幕を演じている島田正吾が「このまま何もせんほうがええ」と言うんですよ。このセリフは日本人の資質をとてもよく表現している。日本は結局、上がヘゲモニー（指導権）を握って国の舵を取ったことが一度もないからね。

——一度もないんですか？

押井　あると思っているんだろうけど、ありませんから。太平洋戦争だって、お上が決めて始めたのではあるけれど、新聞や国民が「やれやれ」とはやし立てたからという一面もある。規模は小さいけど、今回の緊急事態宣言と同じだよ。民意があるところまで高まって、これ以上は待てないとなったところで政府が決断する。逆に言えば、安倍首相はその時期を待っていただけ。世の中の人々が危機感を持って沸騰点に達したときにようやく上が判断する。歴史を見れば、それを繰り返しているだけだということがよく分かる。状況を先に読み、それから英断を下したなんてことは一度もないんじゃないの？　今回のコロナも同じですよ。

——そう言われると、情けなさいっぱいじゃないですか。

押井　そうです。「何もせんほうがええ」というのは、最後の最後に日本人が拠って立つところの本音。じたばたもがくより、「何もせんほうがええ」。日本という国土が水面下に消えたら文化も何もかも消えてなくなるが、それを甘んじて受け入れようという思想なんです。そのとき、日本人が世界に散らばっても日本人たりえるかといえば、それはない。ユダヤ人や中国人と違って、あっという間に人種の谷間に消えていく。だから、「何もせんほうがええ」、このまま美しく死んでいこうというんです。

これはひとつの価値観だけど、日本人にもっとも適しているんじゃないかと思う。丹波哲郎が「いや、しかし……」と言っても次が続かないのは、自分もそう思っているからです。日本人が日本人でなくなるくらいだったら、国土と一緒に沈んだほうがいい。この考え方はまえの戦争と同じ、一億玉砕ですよ。国体が変わるのなら、国ごと消滅してしまえと考える。これは非常に日本人的な価値観。日本人は追い詰められたら、そういう判断を下す民族ですから。

——匙を投げるとか、腹をくくるというのとは違うんですか？

押井 そういうのではなくて、有終の美を飾る、あるいは滅んでいくことをよしとするという考え方。それはやはり、日本人の死生観に繋がっていると、わたしは思っている。どうせ今いるのは仮の世だから、この世の苦痛も悲しみも仮のもの。でも来世があるじゃないかというわけですよ。じたばたと世の中を改良するのではなく何もしないという考え。

宗祖・親鸞による浄土真宗の教えは、全部御仏の心にゆだねる。善をなすことも悪をなすことも、同じように無意味ということ。それに対し、日蓮のほうは闘えと言ったからね。日蓮の思想は、この世の中に浄土を作り出すというものだから、どちらかというと政治的に行動する。日蓮宗は本来、権力志向が強いからだけど。一方、浄土真宗は、何をやっても無駄という考え方。とことん自律的な考え方を放棄したところに来世があると教える。早い話、自己放棄の思想です。

この考え方が日本人の心象に合っている。世の中を変えるとか、社会改造をするとか、ガッツのあるほうにいくんじゃなく、どうせ仮の世なんだから「何もせんほうがええ」。自己決定しない日本人には合っているんです。

日本人と自己犠牲

——日本は近代国家だと思っていましたが、それを聞くと前近代としか思えないです。

押井　日本はアジアで唯一、近代化に成功しているといわれているんだけど、あまりにも急速にやりすぎたので、今はそのツケが回ってきているのかもしれない。日本人の心情はいまだに前近代だからだし、その気質からいって、近代化されることは難しいと思っている。

たとえば自己犠牲。人間の人生の価値観は、自分より大きな存在に出会ったら、そのために死んでもいいということ。自分は死ぬが、国にいる家族、あるいは国体を自分の死によって守ることができる、自分の人生は無意味じゃなかった、無駄死ににじゃない。こういうふうに、自分の死にどんな価値があるのかと発想すること自体、ものすごく日本的なんですよ。

――そういう自己犠牲は、向こうの映画でもよく登場しますよね？　ミミ・レダーの『ディープ・インパクト』(98)は、地球の未来を背負う幼い命を救うために大人たちが次々と自己犠牲をしてました。ロバート・アルドリッチの『特攻大作戦』(67)はどうです？　最初は反発しまくっていた囚人12人が、最後はお互いを助けるために命を差し出す。自己犠牲的じゃないですか？

押井　もちろん、ヨーロッパやアメリカにも自己犠牲はある。『ディープ・インパクト』の大人たちは、人類を救うという必要に迫られて自己犠牲をする。『特攻大作戦』は、ちょっと違っていて、任務を遂行できれば恩赦として自由をあげると言われ作戦に参加する。日本のタイトルが「特攻」になっているから自己犠牲映画に入れてしまうのかもしれないけど、わたしの考えでは「どんな人間にもチャンスはある」というのがこの映画のテーマ。彼らは個人主義で、日本的な特攻とはまるで違う。何かに殉じたわけじゃないから。でも、日本の場合は「特攻」そのものが生きる指針になる。それこそが自分の生きる価値観になってしまうんです。

――手段じゃなく目的になるということですね。

押井　何かのために死ぬことが一番貴く美しいという話になる。『さらば宇宙戦艦ヤマト』（『さらば宇宙戦艦ヤマト　愛の戦士たち』／78）が大ヒットした理由もそこにある。わたしはそういう意味でいうと、この『ヤマト』は自分の日本人度が試されるテストケースだったと考えているくらい。『ヤマト』が愛された理由は、最後に地球を救うため、主人公の古代進が敵艦に特攻したからに違いない。あれはもう、日本人の文化的遺制。日本人、とりわけオヤジがシビれる「忠臣蔵」や「新選組」の要素が詰まっているからですよ。

——滅びゆく者に美学を見つけるというのは、確かに日本人は大好きですよね。

押井　日本のアニメファンだって、どこかで滅ぶことをよしとする部分がある。ついでに言ってしまえば、アニメファンとか日本人が好きなのが試作機だよ。オンリーワンやオリジナルこそが素晴らしく、量産品を軽んじる。そこには人間の努力と時間を無制限に注ぎ込んでいるからってね。彼らには、それよりも量産したほうがいいという発想がまるでない。マスプロの思想がないんですよ。マスプロの思想がなければ技術の思想は生まれない。匠《たくみ》や職人の技はあっても、技術の思想が永遠に根付かない。誰が作っても同じものができるのが技術なんだから。「匠」なんて言って持ち上げている限り、近代人にはなれませんよ。

——確かに日本人は職人や匠も大好きですね。商品のウリ文句にもそういう言葉が謳い込まれていますから。

押井　技術の思想はどこにいっちゃったんだよ。技術というのはそのまま思想であり、近代の絶対条件ですよ。技術というのは万人が共有して初めて技術。ひとつの構造として成立させることが重要なんです。それを個人のワザのレベルに落としてどうするんだと言いたい。それはもう、産業という発想ですらないから。

――そういうお話を聞くと、ますます日本人から近代が遠のいてしまいますね。

押井　近代人の仮面をつけているけど、心根においては大和朝廷のころから変わっていないんじゃないの？　大和朝廷が言いすぎなら江戸時代から変わっていない。さっき言った自己犠牲にしても、日本人はそういうふうに自己犠牲に、人生の上での思想的な価値観を見出してしまう。欧米の自己犠牲はあくまで費用対効果の上で考えられているので、結果は見出してもそれまでの経緯や心理がまるで違うんです。

――それは、日本人らしいヒロイズムなんですか？

押井　ヒロイズムというより美意識だろうけど、わたしはそれを死生観ととらえている。

そういう死生観が、最後の最後にひょっこりと顔を出すんですよ。この死生観については、まだまだ語らなければいけないんです。

第四章

ニッポンでだけ有名人。

日本人とペリー

押井　「ペリーの黒船」を知らない日本人はいないはずです。中学でも高校でも、もしかしたら小学校でも必ず取り上げられている。「泰平の眠りを覚ます上喜撰　たった四杯で夜も寝られず」という有名な狂歌があるくらいだからね。

とはいえ、実際はどうだったのかを教えてもらうことはなかったんじゃないかと思う。「ペリーが黒船に乗ってやって来て開国を迫った。無視できない幕府はそれをのみ、日米和親条約を結んだ」というくらいの知識しか覚えてないんじゃないの？

――そうですね。記憶に残っているのはそれくらいです。

押井　ペリーは2回、日本を訪れている。その辺は、わたしと鉄っつん（西尾鉄也）の『わんわん明治維新』にも詳しいんだけど、1回目の往路では琉球に立ち寄り、小笠原、浦賀という順番で日本を回っている。いわゆる〝黒船〟はサスケハナ号という名前の軍艦で、艦隊を組んでいた。確か4隻ぐらい。そこに乗船していたのは武装した海兵隊だったことからも分かるように、最初から臨戦態勢で来ている。そして、浦賀沖から入って江戸湾の入り口に停泊した。なぜ江戸湾に近よったと思う？

――まさか、江戸に攻め入るためですか？

押井 そう、江戸城を艦砲射撃の射程に入れるため。軍艦が相手や敵地の湾に入るということは、そういう意味があったんです。

――すでにアメリカは、日本についての情報をかなり持っていたということですか？

押井 当たり前のことです。日本に来た宣教師だろうが貿易商だろうが蘭学者だろうが、みんな本国にレポートを送っているし、彼らの見聞録は全部資料として残されている。いわば、彼らはもれなくスパイですよ。だから、江戸城がどこにあるのかぐらい、とっくにアメリカは知っていた。

――彼らの日本人評はどうだったんでしょう。

押井 好意的だったようだよ。清潔で礼儀正しく、小さいけれど頑健である。とにかくよく歩く国民で、海藻をよく食べる、とかね。当時の江戸は下水道も整備されていたし、長屋や町内にはちゃんと公衆厠があって、それを近郊の農民が肥料にするため汲み取りに来ていた。ちゃんとインフラが整っていたんです。悪臭と糞尿に悩まされていた当時のロンドンやパリに比べれば、はるかに衛生的で近代的な大都市だった。テムズ川もセーヌ川も糞尿のみならず、いろいろな工場もあって、それらのドロドロがすべて川に流れ込んでいたので、想像を絶する匂いだったはずだよ。

――日本人、当時からきれい好きだったんですね。

押井　一度目は理解を示して帰ったペリーだったけれど、二度目のときは必ず言質を取るつもりで来ている。だからこそ、江戸湾に入られた時点で、もう負けたも同然だったんです。というのも当時の江戸は百万都市で、食料を筆頭にすべてのものを船で運んでいた。ペリーが江戸湾に入るということは、そういった物流がすべて止まることを意味している。江戸の人たちは一週間で日干しになってしまうんですよ。つまり、明らかに軍事行動。海上封鎖と同レベルだったと言っていい。

ところで、ペリーって、日本では教科書に載っているくらいだから、誰でも知っているアメリカ人のひとりじゃないですか。では、アメリカ人で彼を知っている人がいるかというと、ほぼいないと思う。アメリカでは軍艦に、偉業を成し遂げた人の名前を付けるんだけれど、ペリーの名前が付けられたのは最近の2009年、しかも補給艦だからね。軍艦とは言えませんよ。このあと出てくるマッカーサーも軍艦に名前が残っていないことからも分かるように、アメリカ人はやっぱりアメリカファースト。国内での活躍は評価するものの、海外だけの功績では評価されないんです。

――アメリカは昔からアメリカファーストだったんですね。ペリーたちの目的は何だったんでしょう。中国や東南アジアに行くための中継地点として日本を役立てたかった?

押井　それもあるけど、最大の理由は捕鯨だった。日本人はクジラの肉を食べ、油を使いとほぼ使い切っていたけど、欧米人が欲しいのは油だけ。捕ったクジラを切り刻んで大鍋でぐらぐら煮て、油だけを持って帰っていた。彼らは水や食料、燃料を補給する捕鯨基地が欲しかったんです。

でも、たとえ最初はそこから出発したとしても、最終的には植民地にされることは、当時の江戸幕府も分かっていた。アジア諸国はすでに西洋諸国に植民地化されつつあったので、ペリーが来る以前からちゃんと危機感は持っていたんです。とはいえ、何か準備をしていたかといえば何もしていなかった。事態が誰の目にも明らかになるまではことを起こさないんですよ。なぜなら、言い出したヤツが責任を取らなきゃいけないから。そういう意味では今のコロナ対策とさして変わらないし、まあゴジラも似たようなものかな。とても日本人らしい。

――ゴジラ、ですか？

押井　いや、いつも思っていることなんだけどさ。いろいろと新しいことをやっていた『シン・ゴジラ』(16)を観てもまた同じだと思ったんだよね。なんでゴジラを上陸させるんだよ！　と言いたいわけです、わたしは。上陸するまえに叩いたほうが効率的に決まってるでしょ？　コラテラルダメージも低い。上陸させてからだと国土が焦土と化すのは当たり前です。

——でも押井さん、ファンのみなさんは、ゴジラが街を破壊する姿を観たいわけでしょ？ ゴジラによって焦土と化した街を観たいんですよね？

押井 でも、どの作品も同じじゃないの。最初からずーっと同じですよ。海上でゴジラの侵攻を阻止する作戦はたぶん、見応えがあると思うし、監督としては演出のやりがいもある。空陸どころか空海水中一体の立体的作戦になるんだからね。艦載機がガンガン飛び、ミサイルも飛び、潜水艦も攻撃する。そもそもゴジラを海中でどうやって捕捉するのか、とかさ。そのほうが絶対に面白いと思わない？ 誰も観たことのない大海戦が始まりますよ。海中を進むゴジラがいかにかっこいいかは、ハリウッド版（『GODZILLA ゴジラ』／14）が証明してみせたじゃないの！

——その発想は、押井さんがゴジラに強い思い入れがないからこそ生まれるんじゃないですか？ ゴジラファンにとっては、ゴジラを描く上でのいろんなお約束があり、そのひとつが街を焦土に変える、というのかもしれませんよ。

押井 あんなの何十回観れば気が済むんだよと言いたい。わたしはとっくに飽きちゃってる。言っちゃあ何だけど、初代のゴジラからリアルタイムで全部観てますからね！

——文句言いつつも、ちゃんと観てるんですね（笑）。

押井　その辺のゴジラマニアよりずっと年季が入っているよ。１作目は近所のにいちゃんに連れて行かれて、肩車してもらって観たんだから！

日本人と「備える力」

——いや、押井さん、ゴジラはさておき、ペリーと日本人ですよ。

押井　だから日本人は、いざというときのことを考えたくないんです。政府も国民もそういう体質だから、勝海舟のようなおっさんが活躍せざるを得なくなる。

——押井さん、勝海舟、好きですよね？　幕末の偉人のなかでは一番好きなのでは？

押井　はい、大好きです。普段はプラプラして、愛人のところに遊びに行ったりしてはいるものの、一方では毎朝、抜刀を2000回繰り返したり、本も山ほど読んでいる。遊んでいるようでちゃんと備えているんですよ。だから、肝心なときにとても頼りになり、薩長同盟との交渉とか、使節団の護衛として渡米したりしていた。要は用心棒みたいな存在かな。普段は酒飲んで犬の散歩しているんだけど、いざというときには「先生、お願いしやす！」「うむ」って感じでさ。わたしも監督として、わりとそれに近いスタンス。普段は本を読んだり犬の散歩をしていても、アイジーの石川（光久）が困ると「ひとつよろしく」「へい」ということになる。

――『トーキング・ヘッド』（92）のお助け監督そのものですね。

押井　そうです。わたしが勝海舟を好きなのは、ちゃんと「いざというとき」のことを考えているから。ほとんどの日本人は場当たり的で、いざというときに備えない。最悪の事態を想定して準備するというのが、一番苦手なのが日本人なんですよ。もし備えようとしても、「それは何の役に立つんですか？」なんて言う蓮舫みたいな政治家が出てくる。彼らは「今の生活にどう役立つのか？」、それでしか価値を判断していないからね。

国防は、もっとも費用のかさむ部門ですよ。本当に「いざというとき」のために何十万人もの兵を養い、兵器を購入する。彼らを訓練して、飯を食わせる。パイロットなどの専門職になったら、ひとりにつき億単位のお金がかかる。演習の費用でも実戦とたいして変わらないんだから。国防というのは最悪のケースを想定し、日々そうやって備えているんです。でも、日本人の多くは、そういう想像力が欠落しているから理解すらできない。わたしの好きな軍事評論家（本人は軍学者と自称）、兵頭（二十八）さんがいつも言っているのが「最悪のケースをイメージする想像力が欠落している国は必ず亡びる」。わたしも大賛成ですよ。

——前の章で押井さんがおっしゃったように「何もせんほうがええ」のが日本人流だからなんでしょうね。

押井　季節が巡るように、常ならぬものはないけれど、結局、自然がそうであるように、収まるものは収まるところに収まる。考えることもそう。考えないようにしているうちに、それがないことになる。

——そういう考え方、確かにわたしたちもしている傾向がありますよね。耳が痛いです。押井さんにもそういうところありますか？

押井　あるよ。だから今、このコロナ禍のなかで「安倍が何もしない」と言って責めてどうするんだと言いたい。

——彼がトップで、わたしたち国民を牽引しなきゃいけない立場だからなので、わたしたちと同じようじゃいけないと思われているのではないですか？

押井　その発想からしてもうダメ。「そんなのトップの責任で、わたしたちには関係ない」という発想でしょ？　でも、回りまわって、そのトップを選んだのはわたしらですよ。国民の総意なんですから。オレは自民党に投票してないから文句言えるなんて、少なくとも近代国家だったらそんな言い訳はできない。

近代化と市民

——押井さんは常々、日本は近代国家じゃないし、市民さえいないとおっしゃってますね。

押井 そうです。この話はまたやるけれど、日本の歴史には市民がほとんどといっていいほど登場しない。日本には市民階級はありません。フランスなどと違い、市民革命を抜きにして近代化したからですよ。一般の人が戦いに参加したのは日清日露までなかった。それまでは全部、侍などの職業軍人がやっていたんだからね。近代化のひとつである徴兵という制度が敷かれて初めて市民も戦いに参加したんです。

——百姓一揆クラスじゃダメなんですね？

押井 ああいうのはフィクションです。全然なかったとは言わないけれど、白土三平が『カムイ伝』で描いたような武装蜂起なんてありません。起きたのは「米騒動」とか「打ちこわし」、都市部での暴動くらい。絵に描いたような百姓一揆は起きてない。

そもそも「国民」なんて呼ばれるようになったのも明治政府の意向だったし、戦後の民主主義もマッカーサーの都合だった。ある日突然、普通選挙が始まり、金持ちも貧乏人も一票、女性も一票と選挙権をもらえてしまった。それらを手に入れるため、市井の人々は指一本動かしていない。やっぱり、血と汗と涙で手に入れたものでない限りは身につかないと、わたしは思っている。

――選挙権も苦労せずに手に入れたんですか？　明治の初め、自由民権運動などが起きて手に入れたのでは？　歴史の授業でそう習ったと記憶していますが。

押井　自由民権運動の中心が市井の人たちだと思っているの？　違います。あれは食い詰めたかつての侍たち不平分子がインテリたちとくっついて起こした運動。インテリというのは言論人や新聞記者。政治家になりたくてうずうずしていた連中のことだよ。一応、言っておくけど、戦前までの大臣や国会議員など政治家の多くは、新聞記者あがり。明治時代の新聞記者は、スキャンダルで脅して金を巻き上げていたカツアゲ屋が多かった。東京新聞の前身である都新聞なんて、スキャンダル専門のタブロイド紙みたいなもんだったんだから。わたしは日本の新聞記者をジャーナリストだと思ったことは一度もありませんから。

――ということは自由民権運動にも市民は不在だった？

押井　そう、だから選挙権も、ある日、簡単に転がり込んできたと言ってるじゃない。戦後もマッカーサーの都合で突然、民主主義になっただけ。そういうのはすべて、自分たちが能動的に動いて手に入れた権利じゃないんだよ。

――もしかして、お気楽なんでしょうか？　日本人は。

押井　だと思うよ。ペリーのときも他人事のようなところがあった。お弁当を持って黒船見物に行ってみたり、軍服姿で上陸して町を進軍している姿を物珍しく見物していたりね。危機感がまるでないんですよ。

――分かるような気がするから怖い(笑)。ペリーさんの目にはどう映ったんでしょうね？

押井　ペリーは、二度にわたる来日についての見聞録を書いていて、日本でもいろんな出版社から翻訳が出ている（『ペリー提督日本遠征記』）。日本人はニコニコ笑ってはいるが、下手に出たら何も決まらないだろう。むしろ高圧的なほうがいいかもしれない、とかね。そんなことを見聞記としてちゃんと残しているんです。

――それは面白そう。彼の目に、当時の日本人がどう映っていたのか気になりますね。

押井　そういうふうに興味を持つほうが珍しいんじゃないの？　日本人が開国や明治維新を知りたいと思ったとき、まず読もうとするのは、司馬遼太郎が書いた時代小説のほうだから、普通は。おそらく、そんなおじさんたちの多くは日本の歴史にとても興味があるんだとは思う。でも、なぜか読むのは時代小説ばかりで、外国人が書いた日本の歴史書を読む人なんて、まずいない。読んだとしても教科書にも載っていた『菊と刀』くらいしかないでしょ？

日本人と歴史観

――そもそも押井さんは、歴史をキャラクターで語るのが大嫌いじゃないですか。

押井　歴史はキャラクターではなくリアリティーで語っていただきたい。キャラクターで語るのは歌舞伎と同じ大衆娯楽のレベルだし、そもそも間違いが多すぎる。

たとえば司馬遼太郎。ご存じのように彼は日本や中国の歴史小説をたくさん書いていて、それは司馬史観と呼ばれている。わたしも昔はよく読んでいましたよ。一番好きなのは『項羽と劉邦』なんだけどさ。

――宮崎さんも大好きですよね。

押井　エプロン姿のまえは、黒いコートを着て、髪型まで司馬遼っぽくしていたくらい。宮さんは一度、司馬遼、堀田善衛の3人で鼎談をしたことがあるんだけど、大先生をまえにして萎縮しきっていた。あのおしゃべりな宮さんがだよ。

まあ、わたしと庵野（秀明）も、SF大会で酒を飲んでおしゃべりしていたら、隣に突然、小松左京が現れて話しかけられて緊張してしまい、ひたすらお話を拝聴するだけだったけどね。話は長いわ、何を言っているのか分かんないわで、困り果てたものの、さすがに席を立つわけにもいかないからさ。

――庵野さんと、そんなほほえましい時代もあったんですね(笑)。

押井　まあ、それはさておき、わたしが言いたいのは司馬遼太郎の『坂の上の雲』という明治維新から日露戦争に至るまでを描いた長編小説のことです。彼の代表作だといわれているし、ドラマ化もされているんじゃない？

でも、わたしは軍事的な部分がでたらめすぎて驚いてしまった。わたしのごとき軍オタでさえ分かるくらいのでたらめっぷり。とりわけ、日本海海戦がどういうふうに展開したかという部分がでたらめなんですよ。何度も言うけど、わたしのごとき軍オタが分かるくらいだからね！　どうでたらめなのかは、ここで並べてもキリがないので、別宮暖朗さんの2冊の本を読めばいい（『「坂の上の雲」では分からない日露戦争陸戦』『「坂の上の雲』では分からない日本海海戦』）。別宮さんは学者ではないけど第一次世界大戦の研究者で、日露戦争の本もいっぱい書いている。この2冊は文字通り、『坂の上の雲』の間違いを指摘していて、私もこれを読んで、やっとモヤモヤしていたものが晴れたんです。「やっぱりでたらめだったんじゃん、司馬遼」って感じでさ。別宮さんの本はとても面白いのでお勧めですよ。

——司馬遼太郎ももちろん、調べて書いているんですよね？　調べ切れずに、その部分は想像力を駆使したとか？

押井　一生懸命調べてはいるんです。しかし、軍事の専門家じゃないので、ある部分から先は結構いい加減に書いている。やっぱりジャーナリストや小説家は、そこまで軍事的に追いつかないんですよ。

もうひとつ、小銃について彼は、日本の三八式歩兵銃について非難めいた発言をしている。でも、あれは日本人にフィットした名銃。わたしも何度も撃ちましたが、いい銃ですよ。米兵が使っていたM1ガーランドなんてうんこみたいな銃だし、ドイツのＫａｒ98ｋ

よりもはるかに素晴らしい。日本軍は第一次大戦で使った小銃をそのまま使っていたと言う人もいるけど、これは日本軍だけじゃない。イギリスもドイツもフランスも戦前のものをずっと使っていた。もっと言うなら、戦時中に小銃を交換できた国はひとつもありませんから。

——は、はい。

押井　体験者であるがゆえに正確に語れないこともある。思い込みが邪魔をすると言ってもいいかもしれない。つまり、体験者がいつも正しいわけじゃない、とりわけ軍事的にはということですよ。

ちなみに、日本海海戦の全容が明らかになったのはここ10年くらい。そういう戦いのディテールは、対峙した双方の資料を照らし合わせて初めて分かることなので、どちらか一方だけじゃ書けない。そういう戦闘の資料というのは、時間単位、あるときは分単位で克明に記録されているものなんです。

——記録係みたいな人がいるんですか？

押井　海戦に関しては記録担当の士官がいる。その人は記録しかとらない。なぜ、そこまでやるのかというと、のちに反省するためですよ。軍人は政治家じゃないから、そういう状態では常に命がけ。しかも、戦闘する機会がいつもあるわけじゃない。いつもどこかで戦争しているアメリカの将軍でさえ、実戦を経験せずに退役する人のほうが圧倒的に多いんだから、そういう実戦の記録というのはとてつもなく価値があるんです。

そういうこともあって、司馬遼太郎は日本海海戦をかなり適当に書いている。にもかかわらず、それが一部では「事実」になってしまっているのが問題なんです。誰も実際の歴史書や、ペリーのような人物が書いた見聞録を読んでないため、何が真実なのか判断できないからですよ。歴史を語る難しさ、そういった資料が果たして真実なのかを見極める力を日本人は無視して、司馬史観をうのみにしている人が多すぎる！

それは何を意味しているのかといえば、もしかして日本人は、日本という国に興味がないのではないか？　ということになる。言い方を変えれば、日本人は、日本という国を意識しないで生きてきた珍しい民族なのではないか、ということです。

――でも、TVのバラエティーなどでは「日本ってすごい」という番組がコロナ以前にはたくさんありましたよ。まさに自画自賛という感じで。最近の若い人たちの多くも内側ばかり見ているじゃないですか？　洋楽よりJポップ、洋画よりも邦画って、ひと昔前と様変わりしてしまった。わたしの印象では、今の日本人は「ニッポン大好き！」ですけど。

押井　そういう人が、日本という国に興味を持っていると思う？　本当に誇りを持っていると思う？　ストレートに日本を愛していると言える人、わたしはそんなに多いとは思えませんよ。

遡って考えても、大和朝廷を始めたのはそもそもどこの人間だったのか？　あるいは皇室のこと。戦前まではタブー視されていて、それも分かるけど、戦後も扱いはほぼ変わっていない。知りたいと言う人の声が聞こえてこないでしょ？　少なくともわたしは知りたいですよ。むしろ、外の世界の人のほうが一生懸命、日本について研究しているくらいじゃないの？　そういうことを考えると、本当に日本人は日本人に興味があるのかと思ってしまうんだよ。

日本人とリア充

――そういう自画自賛系の番組は、身近なレベルなんですよ。たとえば、日本の宮大工はすごいぞとか、そういうレベルです。

押井　だからそれは、自分の周囲のこと以外に興味がないということでしょ? たとえば、ペリー来航以前の日本。平和が続いた江戸時代の、その平和を支えていたのは何だと思う?

――徳川幕府であり、彼らの配下にある奉行所の人たちのおかげ? 警備機構がしっかりしていたとか?

押井　日本の場合、警察組織が生まれたのは明治で、国軍を作った時期と重なるんだけど、ちゃんと組織として機能するようになったのは、もっと時代が下ってから。ちなみに国軍も最初は藩兵の寄せ集めで、郷土軍のようなものだった。国軍を作る必要に迫られて徴兵制も作ったんだけどね。

江戸時代は国内法のようなものはないに等しかったし、法治国家でもないのに、ちゃんと平和が保たれていた。その理由は何だと思う？

——穏やかな国民性ですか？

押井　共同体意識が強かったからです。町内は町内で、村落は村落で自然発生的な自治体があり共同体意識が育まれていた。長屋にも必ずご隠居さんみたいな人がいて、その範囲で起きるもめごとは長屋内で収めていた。江戸には南町奉行と北町奉行、火付盗賊改方などがあったものの、コソ泥とか巾着切りなどの小さな犯罪は町内や長屋レベルで収めていたんですよ。江戸という百万都市が平和だった理由は、そういう共同体意識のおかげなんです。

しかし、その半面、そういう意識で動いている人たちが、自分の所属する共同体以外に興味を持つかというと難しい。当然、国レベルになったら無関心に決まっている。わたしはその理由を、今の言葉で簡単に言えば、日本人は「リア充」だからだと考えている。現実社会だけが充実していればそれでいいんですよ。そういう「日本はすごい」という番組もその延長でしょ？　つまり日本人は、自分を取り巻く日常以外に興味がない。この現状が永遠に続けば幸せだと思ってしまうという認識。歴史的な意識もないし、未来のことなんて、実はさほど気にもしてない。現状が永遠に続けばハッピーだと思っている。

――押井さんがいつもおっしゃっている「永遠の日常」ですね。

押井　いかに日本人が日常が好きなのかは、今回のコロナ騒動でも明らかになった。確かにコロナは怖いけど、怖がっているだけじゃ生きていけないとか、オレはまず大丈夫とか、そういうふうに思っている人がいかに多いかですよ。自粛期間でも吉祥寺のメンチカツで有名なお店のまえには列ができていたけど、そういう連中は「オレは大丈夫、たぶん」と思っている。要するに危機感がまるでない。オレの日常は守られるだろうとしか考えていないんです。

世界に羽ばたこうとか、クラーク博士がいみじくものたまった「青年よ大志を抱け」の「大志」が通用したのは明治維新のころと、大正や戦前のある時期だけ。２０００年以上に及ぶ日本の歴史のほんの一瞬に過ぎない。少なくとも戦後この方、「大志」という言葉は死語に近い。今回のコロナでそれを改めて痛感しましたよ。

第五章

戦後日本を作った将軍。

てますね。

わたしと戦後

——日本を震撼させた第五の渡来物といえば「マッカーサー」だと押井さんはおっしゃっ

押井　わたしって、戦後の民主教育を受けたその権化みたいな男じゃないですか？　何かを決めるとなると学級会議、選挙、平等が合言葉。家庭でも家族会議で決めなきゃダメで、実際に会議ノートを取っていたからね。でもまあ、最後はオヤジがテーブルひっくり返して終わり。最後は前近代のバーバリズムが支配していたんだけどさ。

テレビのチャンネル権も当然、オヤジが握っていた。オヤジが好きな番組と、わたしが観たい『ディズニーランド』（58〜72／日本テレビ）という番組の時間帯が重なっていたんです。4つの国の話で、わたしは「未来の国」が観たくてしょうがなかったんだけど、泣く泣く諦めるしかなかった。そうなると子ども心に、どこが民主主義なんだと思うわけだよね。

そうやって小学校のころから学校でも家庭でも、延々と民主主義を叩き込まれてきたのだから、それなりに民主主義について考えるようになり、中学、高校になるとその手の本もよく読むようになった。わたしが大きな影響を受け、何度も口にする吉本隆明などの戦後の知識人はみんな、価値観の大転換の最中に青春を送ってきた人たちですよ。

つまり、わたしにとって戦後というのは最大のテーマなんです。

戦後とは、日本人にとって何だったのか？　そういうことをずっと考えてきた。1950年に始まった朝鮮戦争はさすがに覚えていないけど、1953年のテレビ放送の開始や、60年安保などはちゃんと覚えている。テレビ放送の父といわれる正力松太郎は日本テレビどころか、プロ野球もプロレスも作り、原発さえ導入した人だからね。間違いなく戦後の日本を作り上げたおっさんのひとりですよ。

わたしの『パトレイバー2』（『機動警察パトレイバー2 the Movie』／93）は、そういう戦後についての知識や想いをひっくるめて作ったんです。『立喰師列伝』

（小説、および06年公開の映画）はもう一度その時代を順番に辿ってみたくて作った。単なるほら話ではありません。『ケルベロス・サーガ』（87年公開の映画『紅い眼鏡／The Red Spectacles』から続く、『ケルベロス』シリーズ作品の総称）はわたしの架空の戦後史。これまでわたしが作ってきた作品の半分は、戦後を巡る物語なんですよ。

ではなぜ、そこまで執着したのか？　自分が生きてきた時代に興味があったからにほかならない。そして、その時代の大本を辿ると誰に行き着くかといえばマッカーサーになる。彼はどんなおっさんだったのか？　彼が率いたＧＨＱ（連合国軍最高司令官総司令部）は戦後の日本をどのように変えたのか？

そういうところを散々お勉強して行き着いた答えが「日本人は何も変わってねーや」ということだった。日本人の外から来るものに対する接し方は、お米が伝わった縄文時代から何ら変わってないんですよ。

——それまでは鬼畜米英と叫んでいたのに、戦後は手のひら返しだったとよく聞きますね。

押井　表面的には劇的に変わったんです。

マッカーサーがどんな存在だったかと言えば、侵略者でもなければ支配者でもない「解放者」だった。誰が進駐軍を「解放者」と呼んだかといえば日本共産党。彼らが「解放軍規定」のなかで進駐軍は解放者と規定したんですよ。昨日までは憎っくき敵だったのに！「解放者」がやって来たことで日本は民主主義になった。農地改革で地主から土地を取り上げ、平和憲法を作って男女平等を謳い、もれなく女性にも選挙権を与えた。それまで日本が成し遂げられなかったことを、わずか数年で全部やってしまった。

でもね、別に金持ちになったわけじゃない。あのころの日本は本当に貧乏だったんですよ。今村昌平の映画を観れば分かる。『豚と軍艦』(61)という映画には「かあちゃん、おれアメリカ人になりたいよ。だっていろんなものをいっぱい持っていてお金持ちだから」なんてセリフがあるからね。わたしもわたしの同級生もみんな貧乏ですよ。クラスの50人中49人は貧乏。金持ちはひとりだけで、大体は病院の娘だったりする。着るものも違うし、チョコレートも普通に食べられるわけだ。それに比べるとわたしらはボロばかり。わたしなんて一年中同じ服で、もちろんおさがりばかり。それもおふくろの手縫いだからさ。素足にズックを履いて、いつも洟を垂らしていたんですよ。洟を垂らすのは栄養不足なので、応急処置として肝油を飲まされていた。あとは予防接種。BCGとか日本脳炎とか小児麻痺とか、わたしたちの時代に始まっている。わたしはそういうのをすべて経験しているんです。

——押井さんより少々若いわたしの世代はチョコも食べていたので、まだよかったかもしれませんね。

押井　当時の4年の差は、本当に大きいんです。日本はそうやってどんどん、恐ろしい速さで変わっていった。延々と中世を生きてきて、あっという間に近代化を成し遂げたと言っていい。そういう前例は、世界の歴史のなかでもまずないから。

かつて中国の孫文たちもそれをやろうとした。日本が30年かけて近代化したのなら、われわれ中国は10年でできるだろうと言ってはみたが、ご存じの通り、いまだに実現していないからね。結局は毛沢東という新たな皇帝を生み、習近平に至るまで、延々と皇帝を生み出している。法治国家でもなく、三権分立などありえないし、そもそも普通選挙だってやっていない。要するに、いまだに王朝時代を生きているようなもの。「中国共産党」という新たな王朝を生み出しているだけにすぎない。

——押井さんが戦後にこだわるのは、わたしたちがいまだにその時代の影響を引きずっているからでもあるのでは？

押井　戦後75年だよ。三世代にわたるほどの時間が経っているにもかかわらず、今の日本を作ったのはＧＨＱの統治時代ですからね。みんな、それを本当に忘れたのか、あるいは忘れたふりをしているだけなのか。

憲法もそうです。平和憲法と言ってみんなありがたがっているじゃない？　もし一文字でも変えようものなら戦争が始まるんじゃないかって。だから、多くの人が安倍の改憲に反対している。

マック憲法と自衛隊

――多くの人が、改憲すると「戦争が始まる」と思い込んでいるのはなぜなんですか？

押井　そうやって教育されたからです。わたしの世代までは、公教育で骨の髄まで叩き込まれている。わたしが、そういうことに疑問を持ったのは、たまさか政治活動をやっていたからだよ。高校のころからわあわあやっていたけど、じゃあ日本国憲法を真面目に読んだことがあるかといえば、読んでないからね。

――押井さんでも読んでないんですか？

押井　前文や憲法第九条などはもちろん、知ってますよ。でも、自分で読んで知ったわけじゃなく、基礎的教養として知っているだけだから。おそらく、今の日本で憲法を全文ちゃんと読んでいるのは憲法学者や法学部の学生、憲法が必要な仕事をしている人だけだよ。にもかかわらず、ただの一行も変えるなというのはおかしくないかということになる。

——日本国憲法を作ったのはマッカーサーということになってますよね？

押井　そう。でももちろん、マッカーサーが実際に書いたわけじゃない。まず彼の意向を汲んだ役人が草案を書き、実際に書いたのは日本の役人ですよ。どういう審議を経て、どういうやりとりの結果、あの文章になったのか、そのプロセスを追った本も出ている。

ということは、日本国憲法を勉強しようとするなら、さまざまな資料や本が出ているんです。でも、それが売れているとは思えない。憲法改正論が話題になってちゃんと勉強した人がどれだけいるかも怪しいくらい。ほかの国の憲法はどうなっているのか、興味を持った人がいるのか？　そういうのも少ないはずだよ。

——日本の憲法にも詳しくないので、他国となるとなおさらですね。

押井　たとえばドイツの戦後は、ナチスを否定したところから始まっているわけだけど、東西に分かれていたからまだ準戦争状態。基本法（ドイツ連邦共和国基本法）というのが憲法に代わる存在だった。ドイツは、その基本法を改正しながら使っている。

日本の最初の憲法は明治22年に作った明治憲法。正式名称は大日本帝国憲法。これを作るとき、政府はイギリスやフランスなど、ヨーロッパに使者を送って勉強し、最終的にはドイツのプロイセンの憲法を参考に作った。でも戦後、それが全否定されて民主憲法を作ったんですよ。民主憲法、平和憲法、いろんな呼び方があるけど、わたしに言わせればマッカーサーを略してマック憲法。マッカーサーのフルネームは「ダグラス・マック・アーサー」だから。

占領軍が作った憲法を後生大事に75年近くも、一行も変えちゃならないという人の考えが、わたしにはまるで理解できない。彼らの言い分には、外国人が作ろうが、マッカーサーが作ろうが、いいものはいい。世界に冠たる平和憲法なんだ。こんな素晴らしい憲法を持っている国はほかにはない、なんてのがある。

じゃあ、そんなにいいにもかかわらず、なぜ世界にも稀なんだ？　なぜ世界中が日本国憲法のように戦争を放棄するなど、理想を掲げた憲法にしていないのか？　そこにはちゃんと理由がある。なぜかと言えば、ありえないから。国の交戦権を否定している憲法なんて、わたしに言わせれば反近代です。前近代どころか反近代。近代国家というのはみんな自衛権を認めていて、交戦権もあれば戦争する権利もある。ただし、侵略戦争をしちゃあダメという申し合わせはあるけどね。

どの国の憲法にも独自のスタイルがある。独自の歴史的背景を背負って存在している。ところが、マック憲法だけは歴史的根拠もへちまもない。一種の理想だけで作られているんです。集団的自衛権にしろ、日米安保条約にしろ、戦後の日本史はことごとく、この憲法を拡大解釈して裏切ってきた歴史なんですよ。

その代表的存在が自衛隊の在り方だよね。

——日本の軍隊ではあるものの、自衛隊という名前でカモフラージュしているという認識が一般的なのでは?

押井 ひと昔前までは、戦闘機を戦闘機とは呼ばずに支援戦闘機、戦車や装甲車を特車と呼んでいました。今はもちろん戦車は戦車、装甲車は装甲車。ただし海上自衛隊は今でも駆逐艦などのことは護衛艦と呼んでいる。

——そういう変換って日本人は得意ですよね。ヤバい博士のことをマッドサイエンティスト《と》と英語で表記すれば許される。

押井 日本では「自衛隊」だけど、英語に訳せば「ジャパニーズ・ミリタリー・フォース」として認知されていますからね。「大佐」「少佐」という軍隊での階級も、自衛隊では「一佐」「三佐」という言葉に変換されている。名前を換えることでスルーしちゃったんですよ。シビリアンコントロールと称して、現役の自衛官が政治に介入しちゃいけないとかね。

とにかく、いろんなものをスルーすることで、マック憲法を日本の戦後の理想そのものにすり替えてしまった。そういうのって、どこかで見たことないか？　黒船のとき、聖徳太子のときと変わってないじゃん。日本流に解釈することで全部スルーしちゃっているんですよ。

でもさ、わたしに言わせれば、マック憲法でそれをやるにはちょっと無理がありすぎだろうって。交戦権を否定しているけど、実際に攻めてきたらどうするの？　いや、自衛する権利はあるから大丈夫だと言っても、もしミサイルが落っこちたらどうするんだよ、という話になる。最近、大きな話題となったイージス・アショアの問題も、本質はすべて同じなんです。

世論で言っても、さすがに最近は戦後から三世代目だからなのか、普通に軍隊を持ったほうがいいのではとか、核武装したほうがいいのではと、風向きが随分変わってきた。自衛隊の受け止め方も、ひと昔前は税金泥棒呼ばわりされ、制服を着て街に出るのもはばかられていたし、マスコミも彼らの存在が気に食わなかった。

——そうなんですか？　災害が多いせいもあるのか、自衛隊の活躍はよく放送されている印象ですけどね。

押井　さすがに最近は疎ましく思われないようになったけど、ついこのまえまでは当たり前のように差別されていたんです。自衛隊をカメラのフレームに入れるな、なんていう指示が飛んでいたときもあるくらい。それくらい反自衛隊という意識がマスコミ内には根強かった。どの新聞社ももれなくそういう考えだったし、日本では新聞社とＴＶ局がくっついているから当然、ＴＶでも映さないし取り上げない。まあ、この新聞社とＴＶ局の関係も、わたしに言わせれば「ありえないだろう」なんだけどね。

ところで、自衛隊のよさって知ってる？

——被災地にすぐに駆け付けて助けてくれるところですか？

押井　被災地に自衛隊が行くじゃない？　彼らがすごいのは自己完結しているところなんです。どこに行っても自給自足できる。警察や消防が被災地に行くと、食料やら寝るところやら、誰かのお世話にならないといけない。でも、自衛隊は誰にも面倒をかけずにすべてクリアできちゃう。そういう意味では最強です。

これは自衛隊だからというわけではなく、どの軍隊であっても同じ。自分たちで自分たちの面倒を見られない軍隊なんて存在しません。食から医療、風呂に至るまで、完全に自己完結している組織は軍隊だけと言っていい。そういうことができる組織は、日本だと自衛隊だけなんです。福島のときだって、日本のマスコミが現地に殺到したけど、コンビニの食べ物を買い漁り、現地の人たちが怒ってしまったという話をよく聞いたじゃない？　でも、自衛隊ではそういうことは決して起きないから。

——自衛隊の前身である警察予備隊が誕生したのは朝鮮戦争のときで、米国の都合だったといわれていますが。

押井　米国から警察予備隊という名の軍隊をもう一度作れと言われて生まれたんです。最終的な要員は旧軍関係者や軍隊経験者が中心になり、当初は最低の装備しかなかった。カービン銃とヘルメットとトラックくらいですよ。その後、駆逐艦や戦闘機のお古をアメリカからもらった。国産化し始めたのは１９６０年代くらいからになる。

——自衛隊というネーミングは？

押井　日本の役人があちこちに忖度して考えた名前。陸上自衛隊、海上自衛隊に加えて、航空自衛隊を作った。航空関係は戦後生まれた組織で歴史は浅いんです。

なりですね。

歴代総理大臣とタブー

――憲法を押し付けられ、それを自分たちの都合で勝手に変えられ、もうアメリカの言いなりですね。

押井　そうです。でも、当時の総理大臣、吉田茂は抵抗した。「あんたらがこの憲法を作っといて、自分たちの都合でまた軍隊を作らせ、場合によっては半島に行けというのはおかしいだろう」云々と言って突っぱねたんです。だけど、吉田茂は吉田茂で国軍を持つべきだと思っていたし、そのチャンスを狙っていた。で、「あんたらの都合で、警察予備隊は組織するが、あんたらの憲法に従って半島には行かない」と言って、それを通したんです。

――吉田さん、がんばってくれたんですね！

押井　当たり前でしょ。そういう駆け引きすらやらなかったら、日本はアメリカの属国に成り下がり、自衛隊はアメリカ軍の予備軍になっていたよ。ベトナムにもアフガンやイラクにも従軍させられていたんじゃないの？

そういう意味では確かに吉田茂はがんばったのかもしれない。自衛隊には今でも吉田茂を崇拝している人はたくさんいるし、彼が亡くなったとき総理大臣だった佐藤栄作は国葬にした。自分が弔辞を読むとき「吉田先生」と呼んだからね。今でも吉田茂は政治家にとっては大先生。彼を悪く言う人は自民党内にはいませんよ。

わたしは、日本の戦後を決めた三大要素は、マック憲法と東京裁判、そして岸信介が署名した日米安保条約（日米安全保障条約）だと思っている。この三つが日本の戦後75年を最終的に規定した。この三つを貫いている思想は戦前の国体の全否定、そして日米関係をすべての前提にすることですよ。極言すれば属国規定と言ってもいいくらい。これを三つセットで考えないと、アメリカとは手が切れないんです。

——原爆はいいんですか？

押井　原爆という要素は、日米間のカードの一枚に過ぎない。実際にアメリカは、日本に核武装させようとしたこともあり、佐藤栄作はそれに「持たない、作らない、持ち込ませない」の非核三原則で応えた。それに対してアメリカは、核兵器をすべて引き揚げるという制裁をしたんですよ。そのとき、一瞬だったけど、日本から核の傘が外れた。もし、そのままだとソビエトや中国のやりたい放題になってしまうからね。ただ、そのあとニクソンからフォードへと大統領が代わり、政策も変わったので一瞬で終わったんだけどさ。

——佐藤栄作もマック憲法には触れてませんよね?

押井　佐藤栄作をはじめ、みんなマック憲法を避けてきた。なぜなら、改憲を言い出すと難しいし面倒くさいから。そんななか、安倍は二度目の総理就任のときに、絶対にやると決めていたんですよ。

大体、総理大臣というのは、その在任期間中にひとつのことしかできない。ひとつできれば大したもんなんです。ただ、これまでできたのは田中角栄と小泉純一郎くらい。田中は(日本)列島改造論を掲げて日本の経済のベースを作った。具体的に言えば新幹線を通したんですよ。小泉は言うまでもなく郵政民営化です。

――あのお、郵政民営化は、そんなに大きな変化をもたらしたんでしょうか？　郵便局の窓口の愛想がよくなったくらいなような気も……。

押井　あのさ、自分の生活に変化がないからといって、関係ないという考えがまずダメなんですよ、麻紀さん！

郵政だからといって、別に切手や郵便の話じゃない。戦前の郵政は、国民のお金を集めていた組織です。いわゆる郵便貯金で、日本では銀行より圧倒的に郵便局が使われていた。一番ポピュラーな金融機関ですよ。東京に出てきたばかりの丁稚とか、集団就職で上京したおねえさんとか、みんな郵便局に貯金し、田舎に仕送りしていたんです。戦中、戦争資金に困った政府がどこから調達したかといえば郵便局だった。国民みんなのお金に手を付けたどころか、総ざらいにしてしまったと思うよ。でも、それじゃああんまりだろうというので戦後、国は高齢者の年金を手厚くしたり、医療費を無料にしたりいろいろと便宜を図ったんです。

そういう体制というか体質が、近年の日本の金融や経済とはずれが生じてきていたんです。なおかつ、郵政にぶらさがって選挙に当選した自民党の議員たちもいて、本当に大きな問題を抱えていた。小泉はそれらを一掃するため、総理大臣になったときに郵政民営化を誓ったんですよ。

こういう公共組織の民営化は構造改革の基本中の基本。資本主義が目指しているのは市場経済なんだから、いつまで経っても国の保護に頼っているのがおかしい。国がやっているから赤字も平気だし、職員の特典もいっぱいだからね。そういうのは現在ではありえない。経済の在り方としては、民営化に傾くしかないんです。

——国鉄も電電公社も専売公社も次々と改革されて、やっと郵政に手をつけたんですね。残っているのはどの部門ですか?

押井　農政です。いまだに誰も手をつけられない最後の砦。このままで、減反政策によって田んぼをつぶすけど、それに協力してくれたら国が補助金を出しますと言っていたんだから手厚いんですよ。この政策のおかげで日本の農業は国際競争力をすべて失ってしまった。国が作っただけ買い上げてくれるんだから、そういう競争に打ち勝とうなんて考えることすらないからね。

いわば、こういうのはすべてタブーです。歴代の総理大臣はそうやってひとつひとつタブーを潰してきたんです。なぜ、そうしたかといえば、このままでは世界と勝負できないという危機感があったからですよ。そうすることで経済大国として成長し続け、ジャパン・アズ・ナンバーワンと言われる時代もやってきた。

こうやって見ていると、日本の歴史は小さなタブーを潰していく一方で、大きなタブーをスルーし続けてきた。その大きなタブーこそが、マック憲法と天皇制。これはセットなんです。天皇の地位についてマック憲法にちゃんと明記されているのは、憲法を読んでなくても知っているでしょ？

——天皇は日本国と日本国民統合の象徴、ですね。

押井　明治憲法では天皇がすべてを統治する、だった。国民全員が臣民で、日本は天皇と臣民の関係性で成り立っていた。この考え方は、日本は全体でひとつの家族のようなもので、家長が天皇陛下。皇室が本家で、あとは分家、そういう理念のもとに国をまとめていたんですよ。それが劇的に変わったのがマック憲法の登場だった。その第一章には「天皇は、日本国の象徴であり日本国民統合の象徴であって〜」と記されている。

天皇に関してはずっとタブー視されているけれど、同じような扱いをマック憲法自体も受けている。触れてはいけないという点においても両者はセットなんですよ。

マック憲法に関して言えば、岸信介も、彼の孫である今の安倍も吉田茂の末裔みたいなもの。吉田茂ももう一度、憲法を廃棄しようと考えていたんだから。「改憲」というのは、脈々と受け継がれてきた遺言のような存在。しかし、今のところ安倍も難しそうだし、いまだに誰も実現できていない。

改憲と破棄

——押井さんは改憲にはどういう考えを持っているんですか？

ている。

押井　わたしは改憲派じゃないし、改憲するべきだと思っていない。廃棄するべきだと思っている。

――おお、過激ですね。

押井　だってそうでしょ。あれは占領軍が作った憲法なんだから、本来なら講和条約を結んで独立したときに、日本人の手によってもう一度作り直すべきだったんですよ。マッカーサーが残した憲法は戦後の日本を支配し、いまだに支配しているんだから！　民主主義から天皇制に至るまで、全部もう一度、考え直して新しく作る、それがわたしの考えです。

70年以上も一行も一文字も変えていません。政府見解だけで全部乗り越えてきました。つまり、拡大解釈したり適当に解釈することだけでやり過ごしてきたんです。憲法を後生大事に神棚に上げているのは日本だけ。誰も読んでないし、逆に言えばそれは、憲法に意義を見出していない証拠だよ。行動の根拠になっていないじゃないですか。根拠になっているのは、野党が自民党にケンカを売るときだけ。だから呪縛だと言っているんです。

――提案したマッカーサーも驚きそうですね。こんなに長い間、使われるなんて。

押井　マッカーサーがそこまで深く考えていたとは思えないからね。とりあえずの占領政策の一部に過ぎなかっただろうし、講和条約締結のあとに日本は自主憲法を作るだろうくらいに考えていたんじゃないの？　だけど何もしなかった。日本人の手でもう一度、憲法を作ろうという動きがあったという話を、わたしはこれまで読んだことも聞いたこともない。

――なぜなんでしょう？

押井　マック憲法でいいと思ったんだろうね。与党にとっても野党にとっても都合がよかったんだろうし。面倒くさいことはアメリカに押しつけ、日本人は経済だけがんばろうという話ですよ。

――押井さんはマック憲法を破棄して、どんな憲法にすればいいと考えているんですか。

押井　そこに興味がある。一から憲法を、日本人の手で作り上げると果たしてどんなものができるのか、そのプロセスを含めて見てみたいと思う。だからこそ破棄することに意味が生まれてくる。

安倍が言うような改憲だと、結局は今の政府見解と大して変わらないんだよ。安倍は実際、自衛隊の地位を明確にしたいと言っていたし、集団的自衛権についても政府見解や拡大解釈を繰り返すことで行使してきた。武器輸出三原則もなし崩しにしたし、海外派兵もできるようにした。武器輸出が可能になったのは大きかったと思うよね。内実としてはほぼ改憲していたようなものではあった。建前としては改憲していないんだけど、内実はしたようなものだったんですよ。

でも、それ以上はできない。なぜなら、もしやればアメリカと手を切るという話になるから。間違いなくそうなる。だから、そこが限界なんです。だったら、破棄して日本人の手だけで最初から作るとなると、どんな憲法ができるか、誰だって興味あるでしょ?

——ありますが、日本人、大丈夫なんでしょうか?

押井 だから、日本人が自分の正体を問われることになるんですよ。日本人としてどうありたいと思っているのか? 諸外国からどう思われたいのか? どういう国家を目指しているのか? 世界とどうかかわりたいのか? そういうことがすべて明らかになる。日本人が日本人のことを、初めて真面目に考えるんです。まるで、75年間ずっと夏休みだったけど、やっと学校が始まったようなもの。その75年間の宿題が「新憲法」なんです。これを提出することによって、ようやく国際社会の一員になると言ってもいいくらい。

いやいや、今でも国際社会の一員だと反論する人もいるかもしれないけど、それは思い込み。アメリカのうしろをチョロチョロくっついて歩いているだけだからね。もちろん、選択肢として、アメリカの属州になるというのもアリですよ。

――そうなると、どこかで読んだSF小説の世界になっちゃいそうですけどね。

押井　この75年間、一度もその選択に迫られたことがないんだから、ここで腹をくくってやってみる価値は絶対にある。

逃げ道をなくすために、あと3年で今の憲法が失効するので日本国民全員で考えましょうというやり方もあるんじゃない？　憲法学者、政治家、経済人、哲学者、宗教家、文学者……みんなで考える。『日本沈没』と同じだよ。あと数カ月で日本が沈むというときに、どうするのか？

――「何もせんほうがええ」というチョイスをしたらどうするんです？

押井　それはダメです。だって既存の憲法はなくなるんだから。その状態で「何もせんほうがええ」を選んでしまったら、それこそアメリカの属州か中国の属国になるしかないからね。だからこそ、そうやって75年分の宿題をやる状況に追い込むんです。世界中が注目するし、小学生も興味津々だよ、絶対。何なら小学生に意見をもらうのも面白いよね。目からウロコのアイデアが出てくるかもしれないじゃない？　国をあげての大イベントですよ。絶対にオリンピックなんかよりエキサイティングだって！

――イベント化するとなると、楽しそうですね(笑)。

押井　毎週毎週『朝まで生テレビ！』を全国規模でやっちゃうとか、殴り合いになってもいい。最後は暴力というのでもいいんですよ。それはいわば内戦でしょ？　内戦を経ない近代国家はないんだから、ここで内戦を起こしたっていいんですよ。

――マック憲法破棄を機会に、これまで日本人が経験しなかったことを一気にやっちゃう感じですか？

押井　そうです。日本人が日本人のことを、初めて真面目に考えることになる。それまでは、ただ単に浮かれていただけだから。高度経済成長だ、東京オリンピックだ、万博だって浮かれている間に75年も過ぎてしまった。

敗戦して、1回は破産したものの、アメリカに許してもらって今に至る。もし許してもらえなかったら日本は焦土になっていたと思うよ、おそらく。なぜアメリカが焦土にしなかったかといえば、ソ連の脅威があったから。日本を無力化してしまえば、絶対にソ連がなだれ込んでくるからね。日本も分断国家になり、北海道はソ連、本州からこちら側はアメリカなんてことになりかねなかった。

――下手すると北朝鮮と韓国と同じ目に遭ってしまうということですか？

押井　そう、絶えず戦時体制を強いられるんです。そうなると経済復興どころじゃない。国防費もうなぎのぼりですよ。でも、日本はそうならなかったので、ただ75年間、浮かれて生きてきただけなんです。

――「浮かれていた」というか、確かに危機感はほぼなかったですね。

ヤン・ウェンリーとラインハルト

押井　さっきも言ったように、今の世の中、マック憲法擁護派は戦争反対、マック憲法改憲派は戦争賛成、あるいはマック憲法があれば絶対に戦争は起きない。みんな、そういうふうに簡単に考えているけど、そんなわけがあるはずがない。日本の憲法がどうあれ、戦争は起きるときに起きる。相手がいるから起きるのが戦争なんだから。日本は戦争できないので、わたしたちも仕掛けませんと考えてくれると思ってるの？　ありえませんから！そんなに単純じゃないし、憲法があるから平和だなんて思っているのは大間違いなんです。

――そういうところ、あるかもしれませんね。

押井　そうやってノー天気なのは、やっぱり自分たちの手で自己決定権や民主主義を勝ち取ってないからですよ。実際のところ、選挙だって半数の人間が行ってないわけでしょ？

――押井さんは選挙に行っているんですか？

押井　行っていません。誰を選んでも結局は何も変わらないからとか、面倒くさいからなどという理由ではもちろんなく、私は日本の選挙制度自体を否定しているから行っていないんです。それはわたしの自己決定権の行使ですよ。さらに言っておくと、私は民主主義者ですらないですからね。

――まさか、帝国主義とかじゃないですよね？

押井　何と呼ぼうと構わないけど、民主主義者でないことは明らかです。しかし、だからといって皇帝陛下にしたほうがいいとか、王権のほうがいいとか、天皇親政にしたいというのでもない。

――押井さんは、日本の市民を信用していないから、市民に任せたくないんですね。

押井　極論すると、もし善政を行ってくれる人間がいるんだったら皇帝陛下であろうが独裁者であろうが構わないと思っているよ。『銀英伝』（『銀河英雄伝説』）でいえば銀河帝国と自由惑星同盟ですよ。ヤン・ウェンリーが同盟の衆愚政治とポピュリズムにうんざりし、その一方で帝国のラインハルトは皇帝へと昇りつめ、清廉な政治を行うからね。図らずもプラトンが言っているように、民主政は衆愚政治との戦いなんだよ。

――押井さん、過激です。

押井　独裁者であっても、そのトップが善政を行う能力があれば、民主主義の余計な手続きはいらないし、衆愚政治に引きずられることもない。ただし、いつ堕落するか分からないし、いつ暗殺されるかも分からない。そのときは革命を起こすしかない。わたしは、革命を繰り返したほうがよっぽどましだと考えている。何年かおきに革命を起こし、ふさわしい人を常にトップに据えるんです。

――革命好きな押井さんらしいその考え方は、どう呼べばいいんですか？

押井　敢えて言うなら永世革命主義？　あるいは永久革命主義？　それを繰り返しているうちに、人間として多少まともになるんじゃないの？　民主主義のぬるま湯のなかで、ポピュリズムの醜悪な偽善を垂れ流すよりよっぽどいいと思ってる。

――押井さんの話を伺っていると、民主主義や平和憲法など、押井さんがおっしゃることのいくつかは学校の歴史の授業などで教えてもらっていますが、それを歴史の流れとして理解し、ちゃんと繋がって知識となっているとは思えなくなってきました。

押井　学校が教えてくれるのは基本的に本の読み方、書き方くらいですよ。ひらがな、カタカナ、常用漢字、ローマ字を教えるくらい。あとは全部自前であるべきだし、結局はそうなる。わたしが受けた戦後の民主教育は全部嘘の塊だった。偽善そのものだったと言っていい。だからわたしは、一からすべて、自分で勉強し直す必要性を痛感し、いまだに勉強し続けているんです。

歴史は面白いですよ。大人になって、いまだに面白いと思っているのは歴史だけかもしれない。では、翻って、学校で教えてもらった歴史は何だったのか？　試験の前に覚えた「イイクニ作ろう鎌倉幕府」の「１１９２年」という年号。こういうのは英単語を覚えるのと同じ。それらは教育じゃなくて訓練なんです。訓練は教育の一部ではあるけれど、決して教育とイコールじゃないから。でも、訓練のない教育もないんだけどね。

この年になって思うのは、勉強というのは逆に、大人になって始めるものなのではないかということです。

第六章

NOW & FUTURE

日本人と前近代

押井　近代化は中国なら10年でできるだの、最近の韓国の発言、「もはや日本から学ぶものはない」「日本を見習う時期はとっくに終わった」だの、みんな好き勝手なことを言っているけれど、残念ながら東アジアはどこも近代化されていません！

――これまでのお話だと、日本も違うんですね？

押井　はい、日本も違います。市民なくしてどうやって近代化というんだ、ということです。何度も言っているように、日本は一度も市民革命を経験していない。そういう国は近代国家とは言えません。

――市民がいないところに近代国家はないからですね。

押井　あるはずがない。今の日本を見ていても分かるでしょ？　相変わらず上から降ってくる言葉を待っているだけ。このコロナ禍のなかで、文句ばかり並べて、政府に金をよこせとしか言わない。そう言えるだけのことを自分たちがやっているのかと言いたい。

——税金はちゃんと払っているんですけど……。

押井 そんなの江戸時代の農民だって払っていたよ！ それは基本中の基本。そもそも選挙にも行ってないでしょ？ 選挙は市民としての義務なんです。でも、日本人は相変わらずそんな重要性をまるで分かっていない。

——でも押井さん、さっき自分では選挙に行かないって言ってましたよね。

押井 だから、わたしは自己決定権を行使して行っていないんです。行かない理由はそれこそごまんとあるけれど、麻紀さんたちは「面倒くさい」とか「一票入れたって変わらない」とかでしょ？ それではダメなんです。

だから、自分の血で獲得してない近代化は偽の近代化と言っているんです。ただトップを選挙で選べるようになっただけですよ。

——日本のように、血を流さずして近代化を手に入れた国はあるんですか？

押井 ありません。ゼロです。そもそも近代化を獲得しているといわれている国が少ない。

メキシコなんていまだに選挙するたびに、反対派の人間を何百人も殺している。警察官だって半分は賄賂をもらっているくらいなんだから、近代化なんてほど遠いんですよ。

翻って考えてみると、この地球上には前近代と近代が同居している。この200年はそういう状態が続いていて、おそらく、今でも前近代を生きているのは地球総人口の7割か8割くらいに及ぶだろうね。アジア・アフリカ・中南米は全滅だし、イスラムは近代と言えるのかという問題もある。そうなるとG8かG7だけになるんだけど、その諸国だって怪しいから。

そう考えると、地球の総人口の1割くらいしか近代を生きていないのではないかと思ってしまう。近代国家は前近代国家と関係を持つ必要も常にあるわけだから、そうやってごちゃごちゃしてしまうと、本当の近代と言っていいものなのかという問題も出てくる。

ユートピアと近代

——押井さんが理想とする近代はどういう社会なんですか？

押井　そういうのは考えたことがない。近代は、ユートピアといわれる社会なのではないかという人がいるだろうけど、じゃあユートピアというのはどういう国なのか？　ユートピアの基本は単純再生産を繰り返し、それを維持すること。過剰と欠乏がすべての抗争の元だから、それをゼロにしてしまえばユートピアになる。簡単に言えば、格差のない社会がユートピアなんですよ。

——格差のない社会って、現在、世界中でよく叫ばれているテーマのひとつですよね。

押井　格差のない社会は不可能だよ。なぜなら、生まれたときからすでに格差があるからです。うちの（ネコの）ロクちゃんなんて、生まれたときから障害を抱えていて、歯もなければ目も見えない、脳にも障害がある。ひとりで食べられるようになるだけで8年もかかったからね。いまだにトイレは覚えられないし、本当に大変なんですよ。そう、だから格差のない世界は存在しないんです。

——生まれたときの環境、容姿の問題などだってありますから、格差のない社会などありえないということですね。

押井　わたしの高校時代の大命題が「恋愛における格差」だったんです。思春期の男子にとっての最大の問題は、自分の好きな子が振りむいてくれるかどうか？　革命と同じくらい、自分にとって真剣な問題だった。思春期の命題といえば、ほとんどの人がこれでしょ？

——いやあ、それは男子だけなのでは？　女子はそれほどでもないような気が……。

押井　そりゃそうですよ。だって選ぶのは女子のほうだから。自然界と同じ。求愛するのはいつもオスで、それを受けるかどうかはメスが決める。

中高生の場合はほぼ容姿で選ばれる。そうなると過当競争になっちゃうんです。そこでおおむね、世間の不条理を学ぶことになる。自分の万能感を叩き潰されて、容姿の格差を教え込まれる。自分がその他大勢のひとりにしか過ぎなかったんだということを思い知らされるんです。

——恋愛は不条理に満ちているという世の中の仕組みを叩き込まれるんですね。

押井　そうです。もっと言えば、よりによってなぜアイツ？　才色兼備の女の子が、なぜオレより頭脳で劣っているとしか思えないアイツを選ぶのか？　本当に不条理ですよ。

——押井さん、力説してますよ。

押井　何言ってるの、こんなことを考えるのはわたしだけじゃないんだから。あの小林秀雄だって語っているんですからね。

で、わたしは学生時代、こう考えていた。革命が成就し、ある種の正義が実現した世界が訪れたとき、男女における恋愛の不条理は解決できるのか？

——は、はあ。

押井　それは、当時のわたしのような高校生だけじゃなくて、マルクスやエンゲルスも考えていた。ちゃんと本にも残っていますよ。「男女の問題は、資本主義が倒れ、社会革命がなされたのちも持続されるのか？　あるいは解決されるのだろうか？」ってね。

エンゲルスは「自由に働き自己決定権を獲得した男女の間だったら、その問題はもしかしたら解決されるかもしれない。可能性があるとしたら、そこにしかないだろう」云々とね。要するに、男女の問題を解決するためには、まず男女ともに社会的に自由になるのが先決ということになる。

とはいえエンゲルスもおぼろげに、男女の問題はそういう理屈だけでは解決しないことは分かっていた。実際、ふたりとも女性では大変苦労しているからね。マルクスなんて、娘が4人いる上に息子がふたり、私生児までいるから。一説によるとメイドに生ませたらしいんだけど、彼女が運んできた紅茶のレモンに発情したとか、本当に諸説ある。子どもが生まれてからはすぐに里子に出して、その男の子は一労働者として生涯を終えた、とかね。政治家の男女問題はスキャンダルで終わるけど、思想家のそれは避けて通れない、いわばつまずきの石であるってさ。

——押井さん、そっちも詳しいですね。

押井　わりと好きなんですよ、そういう話。毛沢東の奥さんの話とか、レーニンとクルプスカヤの夫婦喧嘩の話とか。革命家が夫婦喧嘩のときに奥さんを殴るのは許されるのか？わたしらはそういう議論を真面目に交わしていたんです。ゴルバチョフは、党活動を一緒にしていた女性と学生結婚をした。優しい旦那さんだと言われていたんだけど、あるニュース番組に夫婦そろって登場したとき、喋りまくる奥さんに対して「お前は黙ってろ！」と言ってしまい、大きな問題になった、とかさ。

やはり男女の問題というのは特殊な領域。吉本隆明が言っている「人間とは三つの世界を生きる。三つの観念領域をまたがって生きる。この三つは重なり合わなくて矛盾しあう」という観念だよね。社会的な共同幻想、自分ひとりのときの自己幻想、そして血縁の対幻想。これは性を媒介にしたときに見せる顔、親子やきょうだいもここに入る。この三つが人間の生きる姿。三つを一緒には語れないし、一緒にしてしまうと必ず矛盾を起こす。わたしはこの観念は、人類史上の卓見のひとつだと思っている。非常に説明領域が広い上に、とても分かりやすい。

自己決定権と約束

――近代の条件のひとつだという、男も女も社会的に自由になるということも、かなりハードルが高いんじゃないでしょうか?

押井 そうです。だから近代というのはユートピアと同じで、本当に人間社会が獲得できないテーマなのかもしれないと思ってしまうんですよ。さっきも言ったように近代国家と前近代国家が隣接し、付き合っていかなきゃいけないわけだから、常に問題は起きてしまう。アメリカと隣のメキシコ、日本と中国や韓国を見ていたら分かるじゃない? 社会的な成熟のギャップがあり、インフラという問題を含めて格差があるのは当たり前。もっというなら、格差のないところに文明があるのかという問題も出てくる。

もうひとつの大きな課題は、何度も言っている個人の自己決定権。この概念を人類は2000年もかけてようやく受け入れた。自己決定権を持った、いわゆる市民は、ここ

200年でようやく出現したんだからね。それまでは自分がどう生きるかなんて個人では決められなかった。それを決められるのは王様であり教会であり皇帝陛下だったんですよ。

——近代の歴史、まだ短いですね。

押井 さんざん血を流してやっと獲得したのが近代。だからこそ、自己決定権を個人それぞれが持つべきなんです。それを持つために必要なのは約束を守ること。少なくとも公的な場で交わした約束は絶対に守らなければいけない。

——隣の国との約束ごとを例に挙げると、あまり守られていませんね。

押井 かつて交わした公的な約束を平気で覆すから。約束を守るというのは近代と呼ばれる世界では最低限の条件です。でも、それさえも実現されてないいんだから!

——でも、それぞれが自己決定権を駆使したら、まとまる話もまとまらないということになりません?

押井 なりません。自己決定権を駆使するときの条件には「相手を尊重する」という項目もある。それを大体の人は理解したふりをするけれど、実は理解していない。その条件を満たさないと自己決定権は行使できない。自己決定権と、約束を守ることは常にペアなんだよ。

わたしは、公的な約束は守れと言いたい。国際間の条件を守るなんて最低限のこと。それが整って、やっとお付き合いができる。あとは金を払えですよ。買ったんなら金払え。中国なんてなかなか払わないでしょ？

——ああ、わたしも某アジアとの仕事でその経験ありますね（笑）。

押井　はっきり言いますが、今みなさんは前近代を生きています。何とか近代にしようとはしているけど、結局は約束を守らないので、戦争しかないということになってしまう。今の世界を見てみれば分かるだろうけど、どこかで必ず戦争は起きているからね。

——ということは、人類はいまだに成熟できないということなんですか？

押井　わたしだけじゃなく、多くの人がそう言っているから。

たとえばＳＮＳ（ソーシャル・ネットワーキング・サービス）。わたしもずーっと思っていたし、誰かも言っていたけど、これも人類には使いこなせないツール。人類は自分たちが使いこなせないツールを手に入れてしまったんです。あとは民主主義。これも人類には早すぎる。人間には高級すぎる理念です。

——SNSが多くの問題を抱えているのは分かりますが、民主主義もそうなんですか？そもそも民主主義という思想はいつ生まれたんですか？

押井 思想としては昔から存在していた。それを形にしたのがフランス革命だった。フランスが今でもあれだけ偉そうなのは、初めて民主主義を形にしたから。そこに強い自負を持っているんです、彼らは。

ついでに言えば、フランスは確かに民主主義を実体化したが、その結果として戦争で死ぬ人間の数が増えてしまった。なぜなら、一緒に徴兵制度を生んだから。自己決定権を持つのなら、国に対する義務を果たせということで生まれたのが徴兵制度ですよ。民主主義と徴兵制、これもセットだからね。ナポレオンがあれだけ勝てたのは徴兵制度のおかげでもあります。兵士が無尽蔵にいたんだから強くて当然ともいえる。もちろん、軍事の天才だったということもあるけど、徴兵のおかげというところも大きいんだよ。

——権利と義務は常にペアということですね。

押井　にもかかわらず日本人は権利ばかりを主張して義務を無視する。麻紀さんみたいに「税金払っているし」と平気で言っちゃう連中ばかりですよ。その意識なら江戸時代と変わってないから。

——わたしの知人は税金を払うとき「まあ、家のまえの道路がきれいになったから払ってもいいかな」と考えると言ってましたけど……。

押井　あのさ、それって福祉のレベルだから。そのレベルでしか共同体や国家を意識していないのは、あまりに意識が低すぎる。福祉は税金の見返りとしてはほんの少し。そういう点では警察と同じですよ。一般の人たちは警察の役目を「わたしたちの生活を守ること」と思っているだろうけど、そういう部分は本当に少しだけ。彼らの本来の仕事は「国体を守ること」。戦前の内務省時代からその部分だけは変わってなくて、言ってみれば彼らの信念でもある。犯罪捜査というのは、警察からすれば住民サービス程度。国が何をしてくれたか考えるとき、道路やごみの処理などを挙げるのは、福祉のレベルでしか国が見えてない証拠です。

では、国が国民のためにやっている最大のサービスって何だと思う？

――国と国民の平和を守ってくれることですか？

押井 それはイコール国防ですよ。外敵から国民の生命と財産を守る。領土、政治、文化を守っているんです。つまり、国民の自己決定権を守ってくれているんですよ！

これは国にしかできない。東京都も大阪府もできない。では、これをどうやって支えているんだと思う？

――税金ですよね？

押井 そうです。そのためにみんな税金を払っている。とはいえ、防衛費には実際に対GDP比1％程度しか使っていない。どうやってこれで国と国民を守るんだとは思うけど。

自己決定権とその行使

——ところで押井さん、何度も登場している個人の自己決定権、これはどうやって獲得すればいいんですか?

押井　あのね、それが分かれば苦労はしません。自己決定権の必要性は概念としてみんな理解はできる。問題はどうやって実現するかなんですよ。果たして方法論はあるのか?

——教育ですか?

押井　それは誰でも言うことで、実際に教育だけでできたためしはない。わたしが身をもって証明しているじゃないですか。戦後民主教育の権化なんだから。どうやって自己決定権を手に入れるか、それが分からないからあらゆる地域で今でも紛争が絶えないんだよ。

では、何が近代化、自己決定権の獲得を阻んでいるのか?　わたしたち自身ですよ。SNSを見たって分かるでしょ?　素晴らしいツールを手に入れたのに、自分たちの社会の足を引っ張ることのほうが多く、社会を混乱させるツールといってもいいくらい。わたしが『攻殻』を始めたころは、インターネットが人類の生活を豊かにする、個人の自由度が格段に上がる。そんなことが言われていた。それが実際はどうだったのか？　誹謗中傷とフェイクニュースの嵐になってしまった。

ＬＩＮＥも登場したけれど、便利さはさておき、まるで支配されているようじゃない？　今どきの若い子はスマホがないとにっちもさっちも行かないんでしょ？　それは裏を返せばスマホに囚われているということになる。スマホの奴隷と言ってもいいですよ。奴隷になる道は安楽で、ご主人様になるのはいばらの道とはよく言われるけど、まさにその通りになっている。このまま行けば破滅への道を辿る危険性だってある。スティーブ・ジョブズのｉＰｈｏｎｅは確かに世界を変えた。でも、それは悪い方向に変えたということですよ。

——利便性ばかりを追求した結果、なんでしょうか？

押井　それもある。でも、一番の問題は、己を知らないから。イヌやネコも人間のまえならいい子にしているけど、誰も見てなければ食べちゃいけないものに手を伸ばすでしょ？人間も同じで、いくら理性を持っているからといって、誰も見てないときにはなんだってやってしまうんです。これが、前近代の考え方では、誰も見ていないのではなく、常に神様が見ていらっしゃるとなる。では、神様のいない世界ではどうかと言えば、ばれなきゃ何をやってもいいという考えに至る。だから、こすっからい人間ばかりになってしまうんです。

――ネットの匿名での誹謗中傷は、まさにばれないからですね。確かにそれでは、自己決定権の獲得など夢なのかもしれない。

押井　わたしは最近、自分の人生を自分で決定することを、果たして誰が望んでいるのかとまで思ってしまっている。自己決定権を手に入れ、自分で自分の人生を決定するということは、自分で自分の責任を持つということ。なんでも自由にできるというのは大間違い。

たとえば転職を繰り返す若者がいるとする。彼は、いつか自分に合った仕事や職場があるはずだと思って転職し続けている。でも、そういう職業や職場に出会えるなんてことは本当に稀なので、自分が合わせるしかない。仕事が自分を作るんだという考え方をしないとダメなんです。そうじゃないと、延々と自分探しを続けることになる。

あるいは、会社に行くために満員電車に乗る。それは生活のためで、それも小さな自己決定権の行使になる。それをもし、自分の自己決定ではなく、強制的な決定だと考え始めると、ストレスや不満がたまってしまう。人間は小さな自己決定の積み重ねで生きているのだから、物事に対する考え方や見方というのは、とても重要。それを少し変えるだけで、世の中が違って見えるかもしれないんですよ。

本当に自己決定をするということは、とてつもなくエネルギーを使う。生命を燃焼するくらいエネルギーを消耗するんです。でも、決めるときはすごく高揚するはず。わたしはそういう状態が、大好きなんだよね（笑）。

精神的テーマと日本人

——自己決定を自分の生活に落とし込んでみると、ちょっと世界が変わりそうですね。それはやってみるといいかもしれない。

押井　もうひとつ、わたしが今の日本を見ていて大きな問題だと思うことがある。戦後、日本のスローガンのひとつが、民主国家になり、文化国家を目指すだった。民主国家はさておき、文化国家になれたと思う？

——それこそ世界に誇れるようなアニメーションやゲームなど、サブカルチャー分野における進化が目覚ましいので、なれたのでは？

押井　なっていませんね。経済国家にはなった。経済大国にもなった。しかし、文化国家にはなっていないと言い切れる。

戦前の日本は精神的な価値や文化を散々唱えてきた。ところが、戦争に負けて国体が変更になった途端、どうなったと思う？「リア充」になったんですよ。わたしがいつも言っている、生活の利便性、豊かさ、健康、長寿、そればかり。戦後75年、一貫して日本人が追求したのは「健康で長生きしよう」、これだけです。

――確かに、TVのコマーシャルはそればかりですね。掃除系、健康系、食品系がやたら目につく。

押井　あとは保険にお墓、そういうのばかり。でも、それが人生におけるテーマになるはずはない。ということはこの75年間、日本人は精神的なテーマを喪失しているといえる。

――精神的テーマを失うと、文化国家にはなれないということですか？

押井　なぜなら、文化は精神的テーマそのものだから。利便性や健康、長寿というのは文化ではなく文明ですよ。文明は目視できて、文化は目に見えないものに対する価値なんです。絵画や彫刻は目視できる。しかし、重要なのは、それを見て何を感じるか。つまり、見えないものです。

たとえば、芝居はその場限りの儀式みたいなものでしょ？　映画はフィルムや原版があるけれど、何を感じたかは結局、記憶のなかにしか存在しない。わたしの持論「映画は語ったとき初めて映画になる」というのは、記憶やそのとき交わした言葉のなかでだけ映画は存在するからですよ。

そういった目には見えない文化に、日本はどれだけ価値を置いてきたのか？　オリンピックにはどんどんお金を注ぎ込んでも、文化にはどれだけ金を使ったのか？　掛け声だけはかけるけど、ちゃんと実行されたことがあるのか？

わたしがこういう考えに確信を持ったのは、ＩＬＣプロジェクト（国際リニアコライダー計画）のボランティアを始めてから。政府はそういう未来を支える技術開発に資金を提供するつもりがあるのか？　それもまた、素粒子が相手で「見えない」から価値が分からないんですよ。確実に日本はテーマを喪失してしまっている。

わたしには、そういう危機感が常々あったから『パトレイバー2』を作った。日本は、自分たちが戦後に掲げた理想を踏みにじりながら生きてきたのではないかと、この作品で問いかけたんです。

――その理想を掲げたのはマッカーサーだったんですか？

押井　いや、日本人が言い出した。戦争はこりごり、戦争をするような国じゃなく、文化国家になって世界の尊敬を集められるような国として再出発しようと考えたんです。科学技術に重きを置こうとしたのも、そういう考えがあったから。だから戦後の漫画やドラマには、そういうのが多かったんです。

――『鉄腕アトム』とか『鉄人28号』ですか？

押井　そうです。日本の未来を作るのは科学技術。アトムのエネルギーは何だったか知っているよね？

――原子力です。

押井　アトムにコバルト、ウランちゃんだからさ。原子力というのは平和のシンボルだったんですよ、その当時は。平和のシンボルではないことが、誰の目にも明らかになったのは、東日本大震災のときだった。

そのとき、わたしが真っ先に考えたのは、もしかして福島の原発は、広島、長崎に続く第三の原爆だったのかもしれないということ。それも、今度は日本人自らが招いた原爆だったのかもしれないということだった。

この事故で、日本の戦後の理念はものの見事に破綻してしまったんですよ。

――押井さんは原発には反対していませんよね？

押井　原発自体、わたしはまったく否定していません。わたしが福島の事故で言いたいのは、日本は原発の管理ができなかったということ。管理するに値する国ではなかったことが明らかになったんです。

反原発派の人の多くは、原発は環境を壊すと思い込んでいるようだけど、それは大きな間違いです。火力発電のほうが二酸化炭素を大量に吐き出しているし、水力発電はダムを作るために自然を破壊するわけだから、極めて環境によくない。風力なんてのはまるで使えないし、消去法で考えるとやはり原発になってしまう。

今回の福島で問題だったのは、ちゃんと管理してなかったということ。人間の手に余ることが分かったというか、とりわけ日本人には向かないエネルギーであることが露呈したんです。

――旧ソ連のチェルノブイリの場合と比べるとどうなんでしょうか。

押井　チェルノブイリの失敗の裏には、共産党政権という政治的悪があったので、そういう意味では福島とはちょっと違う。日本は一応、民主国家でしょ？　にもかかわらず、誰ひとりとして管理できていないことが判明したんです。わたしに言わせれば、危機感のない日本人が、あんなとんでもないものをポコポコポコポコポコ、40も50も作ることがそもそもありえない。しかも、よりによって海岸地帯にばかりだよ！

――海岸地帯ばかり選んだのはどうしてなんですか？

押井　海水を冷却に使えるというのもあるけど、一番は土地の買収が簡単だからに決まっているでしょ。日本の首都高がなぜ川の上にできたのかという場合と同じで、反対しないから。首都高の場合、反対勢力を避けた結果が川の上だったんだよ。原発も同じ。海岸周辺は買収がしやすかった上に、自治体に大量に雇用とお金を落とすことを約束した。しかもご丁寧に、原発は日本海側にも多くある。なぜ中国や北朝鮮に向いているところにわざわざ作るんだよと言いたい。ミサイル一発落とされたら終わりだからね。あんなの巡航ミサイル一発で核爆弾を落としたくらいの被害になっちゃうよ。にもかかわらず、ほぼ無防備で、装甲すらしていない。ちょっとでも軍事をかじったり、軍オタなら誰だって気づくこと。本当に日本は国防意識がゼロなんです。

――なぜそんなことになったんですか？

押井 日本人が反対しなかったからだよ。誰も反論しない場所に作り、作る側は一番簡単な方法を選んだ。当時の日本は、戦争とか戦術とか、そういう意見を公で交わすことがタブー視されていたというのもあるとは思うけれど、それにしても考えが甘すぎる。国防のことを誰も考えなかった結果です。

この問題ひとつをとっても日本人の特性である「危機感のなさ」がとてもよく表れている。危機感がないというのは、すべてを諦めてしまうというのと同じだからね。悪いことを考えないようにしていると、悪いことはなくなってしまうだろうと考えるのが日本人ということなんですよ。

でも、日本人はそうやって忘れられるだろうが、自然は忘れない。だから地震や津波が襲ってくる。福島の原発事故は、日本人のいいところと悪いところ、全部が出ている気が、わたしはしますね。

日本人とオリンピック

――さて、押井さん、オリンピックです。この本も当初は、オリンピックを意識していたんですが、思いもよらない新型コロナの影響で、大きく方向転換をせざるを得なかった。押井さんは常々、今度のオリンピックには意味がないとおっしゃってましたよね。

押井　１９６４年の東京オリンピックには、復興した日本を世界にも、日本の国民にもアピールするという目的があった。日本はオリンピックを主催するまでになったんだ。高速道路を作るぞ、ドブに蓋をしろ、オヤジは立小便をやめろ、野良犬はすべて捕まえて全部殺せ……わたしが『立喰師列伝』でやった通りですよ。オリンピックのせいでどれだけ野良犬が殺されたんだよと言いたい。

野良犬は、節目節目の大きなイベントや大きな事件が起きたときに殺され続けてきた。イヌだけじゃないよ。政府は、怪しげな人間も含めて抹殺しようとした。関東大震災のあとには朝鮮人が暴動を起こすという怪情報が飛び交い、朝鮮人狩りが行われたし、かねてマークされていた無政府主義者の大杉栄と内縁の妻の伊藤野枝、大杉の甥もまとめて殺されたから。そういう有事のとき、政府はどさくさにまぎれて何かをしでかすんですよ。

――今回の五輪では、何をやらかすと思いますか？　今の時点では、五輪が開催されるかまだ分かりませんが。

押井　タバコだよ。五輪を口実に喫煙者をぎゅうぎゅうに締め上げている。あっちもこっちも禁煙。飲み屋もレストランも禁煙。バーさえも禁煙だから。前回の抹殺すべきターゲットは野良犬、そして今回は喫煙者です。

――アメリカに比べると日本は、まだまだ喫煙者には優しい国ですからね。

押井　これを機会に、お上の威信を知らしめるつもりなんですよ。

喫煙者は圧倒的少数派になってしまい、タバコに掛けられる税金も販売価格の6割くらいを占めているんじゃないの？　喫煙者はそれだけ税金を払っているにもかかわらず、悪党扱いされるんだからさ。それってドラッグを自分たちで売っといて、その片方で取り締まるようなもんじゃない。そんなに悪いものなら、なぜいまだに販売されているんだよと言いたい。

——大手を振って税金を課せる商品だから？

押井　そこにも忖度があるんですよ。タバコを販売している日本たばこ産業ことＪＴの前身は日本専売公社、つまり国営企業です。しかも今でも財務省の管轄だからね。

——ということは、やはり税金を吸い上げるためにタバコを売り続けているのかもしれませんね。

押井　わたしはそうだと思っている。にもかかわらず、喫煙者を抹殺しようとしているんだから矛盾しまくっているんですよ。

公共の屋内での喫煙は禁止とか、禁煙者もいる店舗はダメ、なんていうのは分かるんです。わたしがもっともアタマにきたのは、個人の家での喫煙もやめさせようとしたこと。家の中まで政治が入ってくるのか、まさにふざけるな、ですよ。それこそ個人の自己決定権をどう考えているんだと言いたい。これは極めてファッショ的です。ファシストは家の中、家族の関係にまで介入するからね。

わたしに言わせれば、元凶は小池百合子だよ。彼女はパフォーマンスをすることが政治だと勘違いしている。「東京アラート」とか、ちょっとこじゃれたネーミングをしてスローガンを掲げる。要するに大衆主義のポピュリストです。

——押井さん、なかなか手厳しいですね(笑)。

押井　わたしは年を取って、ますます人間はダメだと思うようになった。人間に近代化やSNSというのはチンパンジーに自動小銃を渡すようなもの。敵を殺すまえに仲間を殺すだろうし、自分の足を撃つことだってある。近代化に至っていない日本ならなおさらのこと。それは今回のコロナ騒ぎでもよく分かる。

日本人とコロナ

――コロナ禍で日本人らしさが露呈したんですか？

押井　そうです。そのコロナの対応には、非常に日本人的なアイデンティティーが表れているわけなんですよ。今回、よく耳にするのが「政府は何もやってくれない」という言葉だよね？

――安倍内閣の支持率がじり貧なことからも分かりますよね。

押井　「安倍が悪い」と言うんでしょ？　そうやって何でもかんでも「お上」に押し付け、何とかしてくれというのが日本人なんですよ。一言で言うとそれに尽きてしまう。かつてはお上に対して「お願いします」とひれ伏し、今はお上に対して言いたい放題が許されているという違いはあるけれど、どちらにしても「お上」がやるべきだと考えていることには変わりがない。

――今は国民のみなさんは税金を払い、その税金から議員たちの給料が払われているからじゃないですか？　言うなれば、わたしたち国民があんたらを雇っているという感覚。だからみんな言いたい放題なのでは？

押井　だからさ、納税者だからお上には何でも言っていいという発想自体がすごく戦後的なんですよ。戦後75年もたってるのに！

日本の法律上、店を閉めろと強制はできないから、ロックダウンだってできない。お願いしているだけですよ。でも世界中の、いわゆるG8とかG7の国々では国がそういう権限を持っている。店を開けたり、用もなく外をほっつき歩いていたら罰金だって払わされる。でも日本はすべてお願いレベル。それは逆に言えば、個人事業主なら店を開けることも自分の判断で決めていいことになる。でも、やっぱり開けない。なぜなら周囲を見てるから。自分の店でクラスターなんか起きたら何を言われるか分からないからですよ。

――わたしもそこは不思議だったんです。あくまで要請なんだから、そんなに文句言うなら開ければいいのにと思ってました。

押井　結局、日本人の意思決定は、そうやって周りを見て決めているだけで、自分で決めているわけじゃない。決めるのが嫌だからお上に丸投げしてるんですよ。なぜなら、自分で責任を取りたくないから。今の日本人が率先して奴隷になりたがっているとしか思えないのは、そうやって自己決定をしないからですよ。

もうひとつは、自警団みたいなのがいていやがらせをやるみたいだけど、別に店を破壊されるわけでもない。じゃあ、なぜ開けないのかというと、日本人が得意な「村八分」が始まるから。「村八分」はいわば日本の文化なんです。昔の村落の共同体における村八分は、口をきいてやらないなんてレベルじゃなく、共同体一切から締め出すということ。祭礼にも参加させないし、嫁もやらない、水路や田んぼのことで困っても一切、手を貸さない。「八分」と言っているけど、その実態は「全部」。追放と同意語の扱いになる。

お上に丸投げすることと、村八分にするというのは、体質としては同じ。たとえもし「国がやらないんだったら俺たちでやる」と言い出したとしても、集まる場合は匿名が条件に決まっている。でき上がるのは匿名の集団で、個人の顔は一切出てこない。ネットの匿名での中傷と同じだよ。最近はよく言われるネットの中傷だけど、ネットというシステムが悪いというより、個人の責任においてリスクを負わないからですよ。こういう傾向はあちこちにあるようだけど、とりわけ日本人は強いように、わたしは感じている。自分自身が自主権力を立てて責任を取るが、意思も決定する。そういった文化が日本には根付かなかったことが原因でもあるけれど、それよりも日本人のアイデンティティーの問題だと思っている。

――耳が痛いですが、そうかもしれません。

押井　自分で決定して自分で責任を負う。自己決定権は誰も妨げることはできない。漫画家を目指しても才能がないとか、そういう問題はあるけど、少なくとも目指すことはできる。自己決定権がないところに近代はないですよ。

――やっぱり、そこに行き着くんですね。

押井　わたしはそう思っている。何度も言うけど、日本人を近代人だと思ったことはありません。

たとえば今回のコロナ騒動で、お隣の国・韓国はコロナを封じ込めたと宣言したんですよ。彼ら儒教の国は上下関係しかない。上にはとことんへつらい、下には厳しくあたる。それで彼らの世界は成立しているんです。国が強権を持つのは当たり前だから、それを駆使して封じ込めたんですよ。

――クラスターを起こしたとされる新興宗教の教祖をみんなのまえで土下座させているのには驚きましたね。

押井　そうです。そうやって封じ込めたと思ったんですよ。先進国家として世界の模範となることができたとフルフルしたんですよ。フルフルというのは自慢したという意味だけどね。日本ざまあみろって。日本は無為無策で感染が広がっていったから。でも、結果としてどうだったかというと、G8やG7と比べれば、感染者の数は一桁も二桁も違っていた。なぜ、そんなことになったのか。DNA的にそうだったのか？　あるいはマスクをする習慣があったり、ハグやキスの習慣がないからなのか。よく分からないから「日本の奇跡」なんて言う人まで現れた。

じゃあ、これを日本人として自慢していいのかというとそんなことはない。なぜなら、何もしなかったことを日本人が一番知っているからですよ。

――はい、何もしなかったのがよかったと言う人までいますよね。

押井　フランスもイタリアも、アメリカも中国も、それぞれ方針を打ち出した。もちろん手探りだったから、ことごとく失敗して大変なことにはなったけれど、それでも為政者としての義務を果たそうとしたんですよ。では、日本の為政者たちは何か方針を出したのか？　何も出さなかった。結果的にはそれで上手く行っちゃった。台湾ほど徹底はしなかったけど、まるで奇跡が起こったかのように感染者をそれなりに抑えることができた。挙句に麻生のように「民度が違う」なんて言い出すやつまで出てきてしまった。

――海外でも、日本のコロナ対策についてはいろいろ論じられているみたいですね。みなさん「何もやっていないのに」と言って不思議がっているようですけど。

押井　おそらく、「何もやっていないのに、たぶん上手くいく」と、みんなが思っていたんですよ、為政者も国民も。「ひと月、ふた月暮らせば、またまえの生活が戻ってくる。だから、とりあえず今は我慢しとこうか」ってね。で、結果的にそうなりつつある。もちろん、これはわたしの想像だけど、たぶん間違ってないと思う。確信的推論ですよ。

ＰＣＲ検査にしても、進んで検査して安心したい人間もいるだろうけど、日本人の多くは検査なんかしたくないに決まっている。自分が陽性だったらどうするの？　日本人ならたとえ兆候があっても、目に見えて悪くならない限り、普通に暮らすほうを選ぶと思うよ。

――そういう気持ちはあるかもしれない。事実を突きつけられたくないから。

押井　緊急事態宣言も、いつ出すんだ、遅いだろう、どうするつもりなんだ……そうやって民意が高まったころを見計らって出した。当時は、マスコミも国民も「早く決めてくれ」ばかりだったじゃない。

――そうでしたね。わたしは、そのまえにすでに自粛生活に入っていたので、あまり気にならなかったですけど。

押井　そう、自分で決めればいいんですよ。でも日本人は、決めてくれたほうがラクだし、自粛期間中の補償をしてくれて当然だと思っている。結局、お上が決めて、お上が補償してくれるのがハッピーなんですよ。悩まなくていいし、責任も問われない。そういう根性が、みんなに染みついているんですよ。

日本人は、日常の幸せは保証されるべきであり、それが当たり前の権利だと思っている。それが奪われたなら、政府が何かしてくれて当然と思っているんですよ。

日本人と永遠の日常 その二

――日本人の大好きな「永遠の日常」ですね。

押井 今回、それを痛感したよね。やっぱり日本人は日常が大好きなんです。自粛中であっても精肉店にはメンチカツを求めて相変わらず列ができている。いい加減、外出したい、旅行したいと言うし、自粛が明けるとすぐにデパートに駆け付ける。ユニクロのマスクが発売されれば長い列を作ってまでも手に入れようとする。それはつまり、以前の日常の風景で、いつものパターンに戻ることが重要なんです。何度も言うけど、昨日と同じ今日、今日と同じ明日。日本人にはそれ以外の価値観があるの？　それを繰り返すために長生きしたいし健康でありたい。

何のために長生きするのか？　永遠の日常を生きるためだけに、ですよ。

わたしは、ペリーが来なくて、あと３００年、徳川幕府が続いても困らなかったんじゃないかと思っている。徳川１０００年でも困らない。江戸時代も火事で町を一度失っても、再建するときは同じ町を作るのが日本人。そこで、より利便性の高い町にしようとは考えない。以前と同じ生活に戻れればいいわけだから。

――でも押井さん、なぜそんなに「永遠の日常」を嫌うんですか？　わたしは別に日常も好きですけど。

押井　麻紀さんが日常を好きだとは思えません。「日常」で分かりづらいのなら「現実」と言い換えてもいい。現実より非現実のほうが好きでしょ？

――そう言われればそうです。

押井　現実は避けられないもので、望むものではないんです。わたしは中学生のころから架空の世界に浸っていて、そっちのほうにこそ幸福感があった。それをSFと言おうが映画と言おうが構わない。いわゆる〝虚構〟ですよ。そちらに身を置くほうが楽しく、生きている実感もある。

——たとえばそれが、少女漫画の世界に憧れるというのでもOKなんですか?

押井 それも虚構です。SFであろうがイケメンくんとの恋愛であろうが同じ虚構。ツクリモノです。その一方で、リア充といわれる、現実にしか興味を持たない人もいる。YouTubeではリア充が幅を利かせていて、わたしがいつも見ているおっさんもそう。休日になると朝の8時から街に繰り出して「まずはビール」。そうやって夜更けまでひたすら食って飲みまくる。それ以外の人生はただお金を稼ぐために耐えているんですよ、きっと。わたしとは対象が違うだけ。わたしの快感原則は残念ながら、そういう現実の世界にはないというだけなんです。

——リア充が増えたというのは、現実世界での快感原則を求める人が増えたということなんですね。

押井　簡単に言っちゃえばね。わたしにとって映画を作ったり、本を書いたり、妄想にふけったりするのは、ドラッグをやっているのと大差ないと思う。でも、ドラッグは個人的行為だけど、映画を作るのは社会的行為でしょ？　世の中と繋がりたいという願望も同時に満たすことができるから。ゲームもオンラインだからこそハマるんであって、そこで誰かと出会ったり軋轢を味わったりする。それぞれ、ただ虚構を介しているというだけなんだけど、ちゃんと繋がりはあるんです。

社会性を伴わない快感原則の世界は、いわゆる病的なもの。朝からビール飲んでるオヤジも、なぜビデオに残すかといえば、みんなに自分の人生を分かってほしいからですよ。

人間は誰も、第二の現実に生きたいという願望がある。だから宗教がありイデオロギーがあり革命家になる人も出てきて、文学があり芸術があるんです。何度も言うけど、たったひとつの現実では生きていけないのが人間なんですから。

――では押井さん、そういう人間、とりわけ日本人が、これから〝ウィズコロナ〟の時代をどうやって生き抜けばいいんでしょうか？　押井さんはどう考えますか？

押井　わたしは〝ウィズコロナ〟という言葉が嫌いなので、〝ポストコロナ〟のほうを使いたいんだけど、ひとつ明らかになったのは、あの満員電車だよね。リモートワークになって満員電車から解放されたとき、やっぱりあれは異常だったんだということに気づいた人が多かったと思うよ。自分たちは家畜みたいなものだったんだって。「コロナがなかったころに戻りたい」とほとんどの人が切望しているだろうけど、それでも満員電車だけはイヤなんじゃないの？

——コロナ禍でもっともよかったのは毎朝、満員電車に乗らなくていいことかもしれませんね。

コロナとグローバリズム

押井　ポストコロナの時代は、これから始まる。それはつまり、危険と隣り合わせで生きていくということなんだけど、実のところ、そういう生き方は昔からあったとも言えるんです。冷戦時代は世界が核の恐怖と共存して生活していたからね。ところが、この核の恐怖は、いつの間にかファンタジーやSFになってしまった。核戦争が起きると『マッドマックス』シリーズ（79〜15）や『Fallout 4』の世界になるだろうというわけですよ。

そういう意味で言えば、人間は本質的に危機と寄り添って生きてきた。そうじゃなくなったように見えたのは、そういうフリをしていただけです。

——でも、コロナはちょっとタイプが違う恐怖ですよね。ひとりひとりがとても身近に恐怖を感じる。

押井　アメリカもヨーロッパも、最初はコロナをなめていたところがあった。酷い風邪やインフルエンザみたいなものだろう。現に毎年、インフルエンザで亡くなる人は万を超えているんだからって。でも、そうじゃなかった。結局はどの国も、この未知のウイルスに打つ手がなくなってしまったんだよ。連日、コロナの現状況が報道されるわけだから、誰にとってもこれだけ分かりやすい危機というのは、今までなかったかもしれない。

――アメリカで最初の感染拡大時期に人気スターのトム・ハンクスが感染し、コロナは平等にみんなにうつると言われていましたけど、結局はまるで平等じゃなかったですね。

押井　むしろ格差社会を浮き彫りにすることになった。一部の会社員は在宅勤務ができるけど、いわゆるエッセンシャルワーカーといわれる人たちはコロナ禍でも職場へ出かけて働き続けなければならず、多くの感染者が出たからね。

いま一度、コロナがなぜこれだけ世界中に蔓延したのかを考えなければいけないわけだけど、その理由は何だと思う？

――前近代と違って、国と国の行き来が多くなったから？

押井　そうです。地球主義と言われているグローバリズムのせいです。中国でも習近平のせいでもなく、グローバリズムによる大量輸送がパンデミックを生んだんです。わたしに言わせれば、SNSもグローバリズム。情報の大量輸送ですよ。人間も物資も高速で移動しまくるわけじゃない？　果たしてそれが正しいのか、ということだよね。

かつて疫病は戦争のあとに流行していた。出兵していた兵士たちがその土地から病気をもらって帰国し流行するんです。しかも軍隊は三密を絵に描いたようなところだから仕方ない。また、昔の移動手段は船がほとんどだったから、兵士たちは2、3週間のその船旅の間、仲間たちと話し合って戦争の傷を癒やしていた。ところが今はジェット機で10時間。話し合う時間すらない。PTSD（心的外傷後ストレス障害）が深刻化したのは、そういう便利さの影響もあるといわれている。

——そういうところにも高速化の弊害が出てくるんですね。

押井　行動半径が広がることが人間の幸せに直結しているんだろうかと最近、しみじみ思ったりするんですよ。グローバル化によってどれだけの人間が幸福度や自由度を上げたんだろうか？　世界中で仕事をしたり、旅行に行ったりすることが、人間の幸福や福祉に貢献しているのか？　本当はそれぞれの国で生きているのが幸せなのではないか？　そうすれば国や人種同士の軋轢も減るかもしれないし、そもそも戦争も起こりにくい。イチローや中田（英寿）のような人は、この狭い日本じゃ息苦しいと思うんだろうけど、ほかの人たちはどうなんだろう？　とかね。

――私は日本だけというのはイヤですけどね。

押井　麻紀さんは仕事で海外に行くからでしょ？　わたしもいろんなところに行きましたよ。デビッド・リーンの（『ライアンの娘』〈70〉の舞台となった）アイルランドの断崖も見たし、アウシュビッツ（強制収容所）にも行った。ストーンヘンジも見たけど、すべて5分で飽きてしまった。どんな風景であっても5分で飽きるような人間だから、映画を作っていると言ってもいいんです。

今回のコロナはそういうことを、改めて考える機会にはなったよね。

――でも、経済的なことを考えると、やはりグローバリズムを止めてしまうわけにはいきませんよね？

押井　コロナが流行するまえの日本の経済はインバウンドに支えられていた部分が大きかったわけでしょ？　ペリーの黒船、マッカーサーなんてへでもない、もっとすさまじい数の観光客が日本に押し寄せてきた。そして、どんどんインバウンドを増やしていた矢先にコロナ騒動が起きた……。でも、だからといって、グローバリズムを止めるわけにはいかない。ということは、これから生きる上での払うべきリスクのひとつということになる。

——日本の若い人たちの気持ちが内に向いているのは、グローバリズムの反動的なところもあるんでしょうか？　時代がそっちの方向に流れ始めたということ？

押井　それは正しいと思うよ。グローバリズムのせいで居酒屋にも行けねえ、コンサートも中止となれば、ますます内向きになっちゃうんじゃないの？　グローバリズムのツケが、パンデミックというかたちで回ってくると予想した人なんていないよ、きっと。グローバリズムというものを考え直すいい契機になると思う。

——やっぱり、ますます内向きになりそうですね。

押井　日本人はどうあがいても日本人だからね。得意なことと、そうじゃないことがはっきりしているし、そもそも内向きなんですよ。内向きで細かいことをいじくり回しているのが大好き。モノのなかった昔だと、それが「言葉」だったというように、言葉をいじり倒し、言葉で遊んで、新しい言葉やいろいろな価値観を生み出した。そうやって遊べる民族性なんだから、無理やり外に目を向ける必要はないんじゃないの？　国際人になる必要もない。みんな結局は日本に帰ってくるんだからさ。

——ということは内向きになってもOKだってことですか？

押井　「何もせんほうがええ」という『日本沈没』のセリフが、日本人の価値観をよく表現していると言ったじゃない？　わたしは、新型コロナの時代になって、この言葉の意味をよく考えるようになったんですよ。「何もせんほうがええ」という言葉はいい解釈も可能なら、悪い解釈だってできる。だからこそ日本人の本性たりえるんじゃないかと。

——価値観に基づいて作られた言葉じゃないからですね。

押井　むしろ価値観は後付けだから。デフォルトと呼ぼうが、ベーシックと呼ぼうが何でもいいんだけど、ときどきひょっこりと顔を出してくる日本人の本性ですよ。どんな人にもあり、国家としても民族としてもある。

これはおおむね、危機に直面したとき、あからさまに出てくる。そういう視点で見ると、福島もコロナも同種の事件。実体があることは確かなんだけど、可視化できないところも同じ。だから、手っ取り早く可視化しようとして数字に頼ってみたり、「お前の母ちゃん病院で働いてるんだって？」的ないじめをやってみたりするんです。

わたしに言わせれば、見えないものをいかに自分のなかで可視化するか？　どうやって脳内変換するか？　それが文化の本質でもあるんだよ。

――日本人はそういうの得意じゃないですか？「コロナくん」的なものを作っちゃえばいいんですよね？

押井　得意です。でも、まだコロナはできてない。それができれば、コロナと共存できるかもしれない。可視化することで収まるところに収まるんです。

もうひとつ、日本人にとって決定的なのは四季だよね。「何もせんほうがええ」というのは「やってもロクなことはない」ということ。この世界というのは、人間がどうこうできるものじゃない。人間がどうあがこうが、トップが交代しようが、権力者が代わったとしても、季節が巡っていけばどうにかなる。人間にできることといえば、季節をやり過ごすように、すべてを受け入れるしかないんだということですよ。

正論が何かといえば、世界を変えようとすることなんだろう。人間の力で、もっとわたしたちが住みよい世界を作ろうとするのが、おそらく正しいんだと思う。中国はまさにそういう思想の本家本元で、始皇帝から毛沢東まで、万里の長城を作り、山を崩してダムを作りまくった。毛沢東の思想のひとつには、人間の力で自然を克服するというのもあって、いわば革命思想の一環でもあったくらいだから。その一方で、老子や荘子の思想もあって、中国は振れ幅がとても大きい。仏教やキリスト教、儒教など、いろんな宗教を信じる人たちが住んでいる。大陸だからそれは仕方ないんだけどね。

日本人と「お上」の正体

——で、日本は「何もせんほうがええ」、ですね。

押井　わたしは、日本人のメンタリティーを決定づけているのは、日本人特有の死生観や無常観なんだと思っている。そして、その先に何があるかといえば、やはり自然なんです。私は、日本人にとっての「お上」とは、この自然だと思うんですよ。

日本ほど豊かな自然に囲まれた国はそう多くはない。どこにでもきれいな水が湧き出て、温泉もたくさんある。そして何より、四季がある。そんななか、大和朝廷時代から人々は土地に縛られて、自由に動くことを禁じられて江戸時代まで生きてきた。一方、自然はときに干ばつや冷害を招き、水害や疫病をもたらし、わたしたちがどんなに努力しても報われないということを知らしめてきた。でも、季節はそういうなかでも巡っていく……そういう世界のなかでずっと生きてきたら、独特の死生観が生まれるのは必然なんじゃないの？　つまり、「この世は仮の世界で、来世に期待するしかない」、そういう仏教の教えですよ。

コロナだろうが、財政破綻だろうが、中国との緊張感だろうが、夏が来て秋が来て冬が来て春が来て、そうやって季節が巡れば、またどうにかなる。日本人は、人間がどうあがこうが、どうしようもないことがあるのを分かっている。人間は受け身の立場で、すべてを受け入れるしかないんだと、どこかで分かっている。だって、それを教えてくれる自然こそが「お上」なんだからね。

——自然にあらがっても無駄、だから「何もせんほうがええ」わけですね。

押井　やってもやらなくても同じなら「何もせんほうがええ」。こういう死生観を持った民族はおそらく日本人だけ。そういう意味では、とても面白い民族なんですよ。

あとがき

押井さんの話に高い頻度で登場する言葉のひとつが「戦後」です。「戦後、わたしたちは何を学んだのか？」「戦後の教育のおかげで闘争に目覚めたのかもしれない」、あるいは「戦後のひとつの区切りが東京オリンピック」……そのオリンピックが56年ぶりに東京で開催されることになり、だったら日本人とオリンピックについて語っていただくと面白いのではないか？　そういう流れから、この本は出発しました。

でも、ご存じのように、日本も世界もオリンピックどころではなくなってしまいました。新型コロナウイルスのおかげで。

緊急事態宣言による自粛期間を経て2カ月ぶりに再会した押井さんは、その非日常的な日々を「すっごく楽しんだ」とニコニコしていました。そして「政府に不満を並べるばかりで、自分でどうにかしようと思わないのはとても日本人っぽい」とか「なぜみんな、滅多にないこの非常事態を楽しまないんだろう？」とか。つまり、コロナ禍によって、「日本人の日本人っぽさがよーく分かった」というのです。

だったら路線を変更し、押井さんらしさ全開の日本人論を展開してもらえば面白いのでは？　ということになったわけです。

お話の相手をさせていただいたわたくし渡辺は、映画ライターでありながら日本映画にはからっきしヨワいように、日本の歴史にも限りなく暗く、果たして押井さんの話についていけるのかという不安だらけでした。正直、ついていけてはいないのですが、そこは優しい押井さん。わたしの無知っぷりに呆れ驚きつつも、分かりやすく、ひとつひとつかみ砕いてお話ししてくれました。しかも、本や資料などに一切頼ることなく、その場でスラスラと！　だから、ここに書かれていることのほとんどは、押井さんがソラで語ったものなんです。

そんななか、もっとも印象的だったのは「何もせんほうがええ」という『日本沈没』のセリフ。この言葉が日本人の本質に近いと言われると、思い当たるふしがありまくりです。自分自身、臭いものには蓋、見て見ぬふり。そうやって現実に目をつぶって解決を先延ばしにし、これまでの人生をやり過ごしてきたような気までします。

わたしは以来、何かにつけこの言葉を思い出すようになり、そのときの状況を客観視するようになってしまいました。この変化はなかなか面白いです。

おそらく、学者的な「日本人論」だと、わたしのような読者にとってはちょっとした知識として終わりそうですが、押井さんがかみ砕き、日常レベルの「ニッポン人論」として語ってくれたので、ちょっぴり身についたのかもしれません。

そして、日本の歴史。高校の授業で教わったのが最後でしたが、その知識もほぼ意味がないことも分かってしまいました。ちゃんと流れとして把握していないから、「常に日本は外圧によってでしか変化をしていない」というのも、言われて「確かにそうだ」と気づく始末。押井さんのおっしゃる通り訓練レベルの勉強しかしてこなかったからでしょう。いつもは押井さんの映画の見方で目からウロコだったのですが、今回は誰もが深く関係しているニッポン人論で目からウロコの連続でした。手厳しい意見も多く反省しきりなのですが、そのなかからニッポン人の柔らかさや美しさもしっかりすくい取ってくれていて、嬉しい発見もたくさんありました。

この本が書店に並ぶころもおそらく、世間には不安が渦巻いていることでしょう。それをどうやって乗り越えればいいのか、そのガイドブックとしても使える一冊かもしれません。でも、それよりまずは読んで面白がってほしいと思います。

押井さん、本当にありがとうございました！

渡辺麻紀

参考文献

日本および日本人について論じた書籍は、文化から軍事に至るまで、膨大に存在するのですが、私自身が読み、かつ感銘を受けた書籍の一部を読者の便宜を図るべく以下に紹介します。

松岡正剛『日本文化の核心／「ジャパン・スタイル」を読み解く』講談社現代新書
松岡正剛『千夜千冊エディション／面影日本』角川ソフィア文庫
松岡正剛『日本流／なぜカナリヤは歌を忘れたか』朝日新聞社
松岡正剛『連塾 方法日本Ⅰ／神仏たちの秘密－日本の面影の源流を解く』春秋社
松岡正剛『連塾 方法日本Ⅱ／侘び・数寄・余白－アートにひそむ負の想像力』春秋社
松岡正剛『連塾 方法日本Ⅲ／フラジャイルな闘い－日本の行方』春秋社
長谷川三千子『からごころ／日本精神の逆説』中公文庫
長谷川三千子『正義の喪失／反時代的考察』ＰＨＰ文庫
山本夏彦『誰か「戦前」を知らないか／夏彦迷惑問答』文春新書
福田恆存『日本を思ふ』文春文庫
山本七平『一下級将校の見た帝国陸軍』文春文庫
山本七平『私の中の日本軍　上／下』文春文庫
兵頭二十八『「日本国憲法」廃棄論／まがいものでない立憲君主制のために』草思社文庫

カバーイラスト　湯浅政明
アニメーション監督、脚本家、アニメーター。1965年生まれ。福岡県出身。1987年、アニメ制作会社・亜細亜堂に参加。その後、フリーランスとなり、『クレヨンしんちゃん』(テレビ朝日系)の各話作画監督・原画として参加するほか、劇場版シリーズにも第一作から携わる。初の長編アニメ監督作『マインド・ゲーム』(04)は、文化庁メディア芸術祭アニメーション部門大賞受賞のほか各アニメ賞を総なめにした。『ケモノヅメ』(06／WOWOW)でテレビシリーズ初監督、森見登美彦原作の『四畳半神話大系』(10／フジテレビ系)でも話題を呼び、米人気アニメ『アドベンチャー・タイム』のエピソード「Food Chain」(14)はアニー賞監督賞にノミネートされた。2017年には『夜は短し歩けよ乙女』、『夜明け告げるルーのうた』が全国公開され、『夜明け告げるルーのうた』は、アヌシー国際アニメーション映画祭長編部門最高賞・クリスタル賞を受賞。近作に『きみと、波にのれたら』(19)、『映像研には手を出すな！』(20／NHK総合)、『日本沈没2020』(20／Netflix)。公開待機作に『日本沈没2020 劇場編集版-シズマヌキボウ-』(11月13日公開)、『犬王』(2021年予定)がある。

デザイン　石塚健太郎(kid,inc.)
DTP　kid,inc.
校閲　聚珍社